CIEL, MON MAIRE !

Vincent DURAND

Éditions ART ET COMÉDIE
2, rue des Tanneries
75013 PARIS

NOTE SUR L'AUTEUR

Vincent Durand est né en 1968 en Isère. Membre d'une troupe de théâtre amateur, il se lance très tôt et avec bonheur dans l'écriture de comédies. *Monsieur Claude, Fred, Filles au pair* ou encore *Drôles de couples,* vaudevilles dans la plus pure tradition, connaissent rapidement un très large succès dans toute la France et les pays francophones. *Ciel, mon maire !* est la huitième pièce de l'auteur.

PERSONNAGES

par ordre d'apparition sur scène

PIERRE : député-maire, la cinquantaine. Une main de fer dans un gant de velours.

ANNE : sa belle-sœur, la quarantaine, vieille fille acariâtre.

VALÉRIE : la femme de Pierre, quarante-cinq ans environ, conciliante et distraite.

DASCHA : fille au pair russe d'une vingtaine d'années, très nature.

STÉPHANIE : la fille, vingt-cinq ans environ, bien plus délurée qu'elle n'en donne l'air.

PIERRE : le fils, la petite trentaine, enjoué. (Pour faciliter la compréhension, on dénommera le fils Pierre 2.)

VALÉRY : l'attaché parlementaire de Pierre, trente ans à peine, très timide.

GRAZIELLA : journaliste dans un magazine féminin, âge indifférent, plutôt précieuse.

MICHEL : masseur, âge indifférent, très efféminé… pour ne pas dire plus.

DÉCOR

Un seul décor : un salon faisant office d'antichambre.

L'ameublement est classique, avec un canapé au centre et un bar sur le côté.

L'entrée est située en arrière-plan, au centre.

Côté jardin, une baie donne sur le parc, une porte conduit à la cuisine, une autre à la bibliothèque et une troisième à un bureau.

Côté cour, un escalier conduit aux chambres, une porte à la salle de bains, une autre à la penderie.

Accrochée au mur, une grande affiche de campagne politique avec une photo de Pierre Dupont-Verdier, député-maire.

ACTE 1

SCÈNE 1

PIERRE

Au lever de rideau, Pierre est d'abord assis sur le canapé, un carnet et un stylo en main. Il se lève et arpente la pièce en répétant le discours qu'il s'efforce d'élaborer.

PIERRE - « Mes très chers concitoyens… » *(Réfléchissant.)* Non, « très », c'est un peu trop… *(Il barre le mot.)* Mes chers concitoyens… *(Réfléchissant à nouveau.)* Je me demande même si « citoyens » tout court, ça ne suffirait pas… Quoique… Ce serait bête d'oublier le « con » ! *(Reprenant son discours.)* Alors… « Mes chers concitoyens… Si je me représente à vos suffrages, c'est parce que… » C'est parce que c'est mon boulot, moi ! Voilà ! *(Soupirant.)* Ah ! si seulement on n'était pas en politique, je n'aurais pas besoin de mentir tout le temps à tout le monde ! *(Reprenant son discours.)* Bon… « Mes chers concitoyens… Si je me représente à vos suffrages, c'est parce… qu'il faut en finir avec le laisser-aller de ces dernières années… » Oui, c'est pas mal ça, ça sonne bien… *(Lyrique.)* « Finies la gabegie généralisée, la dépravation des mœurs !… Nous sommes à l'aube d'une ère nouvelle ! » Ouh là là ! Je suis inspiré, moi ! *(Son portable sonne. Il répond.)* À l'aube !… Euh… Allô ! (…) Oui, lui-même… (…) Bonjour Valéry… (…) Non, non, vous ne me dérangez pas. Enfin, pas trop… (…) Ah oui ! J'allais oublier… Vous n'avez qu'à passer à mon domicile. (…) D'accord… À plus tard. *(Il raccroche.)* Bon, où en étais-je ?… Ah oui ! Nous sommes à l'aube d'une ère nouvelle, où les valeurs morales doivent retrouver toute leur place ! Il est grand temps d'entrer dans une société assainie… » Bon, faut que je note, moi, sinon je risque d'oublier… *(Il note sur son carnet.)* Alors… « Il est grand temps d'entrer… » *(On entend frapper.)* Entrez !

SCÈNE 2

Pierre, Anne

Entrée d'Anne. Elle porte des lunettes, un chignon, et est habillée de manière très stricte.

ANNE - C'est moi.

PIERRE *(maugréant)* - Ouais, je vois bien que ce n'est pas Miss France !

ANNE - Merci du compliment.

PIERRE *(sec)* - C'est tout naturel !

ANNE - Je ne vous ai pas dérangé en plein travail, au moins ?

PIERRE - Si, là, c'est fait.

ANNE *(cynique)* - Ah… Pourtant, le risque me semblait infime.

PIERRE - Qu'insinuez-vous par là ?

ANNE - Moi ? Oh ! rien !… *(Fausse.)* Belle journée, n'est-ce pas ?

PIERRE - Elle s'annonçait bien… jusqu'à votre venue.

SCÈNE 3

Les mêmes, Valérie

Valérie arrive du parc, un bouquet de fleurs en main.

VALÉRIE *(enjouée)* - Bonjour tout le monde ! *(À Pierre.)* Tu es déjà au travail ?

ANNE *(acerbe)* - Oui, c'est vrai que ça a de quoi étonner.

PIERRE - Je n'ai pas de temps à gaspiller, moi… Ce n'est pas comme certaines personnes que, par correction, je ne citerai pas.

VALÉRIE *(naïve)* - De qui veux-tu parler ?

ANNE - Sauf erreur de ma part, c'est de moi.

PIERRE *(à Anne)* - Vous en avez conscience, c'est déjà un immense progrès pour vous !

VALÉRIE - Pierre ! *(À Anne et Pierre.)* Vous n'arrêterez donc jamais de vous taquiner !

ANNE - Le mot est faible.

PIERRE - Oui, mais la tentation trop forte.

ANNE *(à Valérie)* - Que veux-tu ? On ne se refait pas !

PIERRE - C'est sûr que dans votre cas, ce serait un trop gros chantier !

ANNE *(remontée)* - Oh !… Je m'éclipse, ça vaudra mieux !

PIERRE *(soupirant)* - Dommage que les éclipses ne durent jamais bien longtemps !

Anne grimpe les escaliers.

SCÈNE 4

Valérie, Pierre

Valérie *(à Pierre)* - Bravo !

Pierre - Mais c'est elle qui a commencé !

Valérie - Et c'est toi qui continues !

Pierre *(amusé)* - C'est pas faux.

Valérie - On dirait deux gamins qui se chamaillent.

Pierre - C'est plus fort que moi… et qu'elle aussi.

Valérie - Tu pourrais faire des efforts, tout de même.

Pierre - À l'impossible nul n'est tenu !

Valérie - Pour une fois que ma sœur nous fait le plaisir de nous rendre visite…

Pierre *(allusif)* - Ma chérie, tu devrais savoir que le plaisir ne vaut que s'il est partagé.

Valérie - Avoue que c'est quand même gentil de sa part de venir passer une de ses semaines de vacances chez nous.

Pierre - Quelle générosité !… C'est peut-être des vacances pour elle, mais pour nous, permets-moi d'en douter !

Valérie - Je sais qu'elle n'a pas toujours bon caractère.

Pierre - Je confirme.

Valérie - Mais toi non plus !

Pierre - Je confirme aussi.

Valérie - Mais il faut la comprendre : elle n'a pas eu une vie très facile, tu sais.

PIERRE - Allons donc ! Mais ce n'est pas une raison pour la rendre impossible aux autres !

VALÉRIE - Si elle s'était mariée, tout aurait été différent pour elle.

PIERRE - Et pour nous par la même occasion, ce qui aurait été appréciable…

VALÉRIE - Rappelle-toi : elle était plutôt jolie.

PIERRE - Je dois avoir la mémoire courte, alors…

VALÉRIE - Pierre !

PIERRE - Admettons qu'elle était présentable il y quelques décennies… Mais ce n'est pas moi qui l'ai empêchée de se marier, que je sache !

VALÉRIE - Disons qu'elle n'a pas trouvé chaussure à son pied.

PIERRE - Ben dis donc ! Il lui aurait fallu un cordonnier à plein temps !… Bon, ne parlons plus des gens qui fâchent… *(Doucereux.)* Quels sont tes projets pour aujourd'hui ?

VALÉRIE - La matinée s'annonce chargée.

PIERRE *(dubitatif)* - Ah bon ?

VALÉRIE - Oui, le kiné doit venir.

PIERRE - Tu y prends goût, dis donc !

VALÉRIE - Ces séances de massage sont formidables… Tu devrais essayer. Vraiment… Il faut dire que Jacques est un véritable artiste, crois-moi ! Toutes les femmes rêvent de passer entre ses mains… Il faut dire que… *(Constatant que Pierre est visiblement ailleurs.)* Dis, tu m'écoutes ?

PIERRE - Non, mais je t'entends !

VALÉRIE - Malheureusement, Jacques est en congés cette semaine.

Pierre - Qui ça ?

Valérie - Jacques ! Mon kiné !

Pierre - Ah oui ! *(Faux.)* Quel dommage !

Valérie - Mais rassure-toi : il m'envoie un remplaçant.

Pierre *(toujours faux)* - Formidable !

Valérie - Quelqu'un en qui je peux avoir toute confiance.

Pierre - Tant mieux ! Tant mieux !

Valérie - Un dénommé Michel.

Pierre - Tu m'en diras tant !

Valérie - Oh ! je ne sais pas grand-chose de lui… Juste que c'est un type plutôt efféminé, si tu vois ce que je veux dire…

Pierre *(goguenard)* - Comme ça, tout le monde sera content : notre fille a sa tante à la maison et toi tu auras la tienne !

Valérie - Là, tes allusions sont plus que douteuses !

Pierre - Vaut mieux que ce soit mes allusions que des types, non ?… Des types, c'est vite dit !… Enfin, qu'est-ce qu'on peut y faire ?

Valérie *(cherchant à changer de conversation)* - Justement, toi, qu'as-tu prévu de faire aujourd'hui ?

Pierre - De finir mon discours de campagne si je ne suis pas dérangé tout le temps !… Au fait, puisqu'on parle d'invités, j'attends quelqu'un moi aussi.

Valérie - Ah ?

Pierre *(allusif)* - Oui, une femme… enfin, une vraie, cette fois-ci…

Valérie - Je la connais ?

Pierre - Ça m'étonnerait…

VALÉRIE - Dis toujours.

PIERRE - Ça t'intéresse tant que ça ?

VALÉRIE - Un peu.

PIERRE - Si tu veux tout savoir, elle s'appelle Graziella Duparc.

VALÉRIE *(réfléchissant)* - Non, ça ne me dit rien.

PIERRE - Elle est journaliste à « Femmes de demain ».

VALÉRIE - Et pourquoi veut-elle te rencontrer ?

PIERRE - Elle envisage de me consacrer un article dans son prochain numéro.

VALÉRIE - Ah bon ? *(Moqueuse.)* Pas à la page « cuisine », alors !

PIERRE - Non, ni à la page jardinage, rassure-toi, mais dans leur rubrique régionale « Un homme, un métier ».

VALÉRIE - Et tu as accepté ?

PIERRE - Je t'avoue que j'ai hésité au début.

VALÉRIE - Je te comprends !

PIERRE - Mais elle m'a dit que si je refusais, ce qu'elle comprendrait fort bien d'ailleurs, elle contacterait Paul Gallois.

VALÉRIE - Qui, lui, accepterait…

PIERRE - Ça va sans dire ! Je le connais : pour récupérer des voix, il est prêt à tout !

VALÉRIE *(taquine)* - Et toi, non ?

PIERRE - Figure-toi que si j'ai finalement dit oui, c'est pour donner une bonne image de l'homme politique.

VALÉRIE - Et rien de plus ?

PIERRE *(s'emportant)* - Gallois ! Non, mais rends-toi compte : divorcé et vivant avec une femme qui pourrait être sa petite-fille !

Valérie - C'est courant, aujourd'hui !

Pierre - Ce n'est pas une raison ! Ce serait encore donner un sacré exemple pour les lecteurs !

Valérie *(allusive)* - Lecteurs ou électeurs, non ?

Pierre *(faux)* - Ah oui ! Tiens, je n'avais pas remarqué comme ces mots se ressemblaient !

Valérie - Finalement, cet article, ce serait plutôt un bon coup de pub pour ta campagne électorale…

Pierre *(hypocrite)* - Ah ?… Je n'y avais même pas songé.

Valérie - Son magazine est très lu.

Pierre *(faussement naïf)* - Ah bon ?

Valérie - La preuve : moi-même je l'achète régulièrement.

Pierre - Ce n'est pas forcément une référence.

Valérie - Hum… Donc, cette journaliste doit venir aujourd'hui ?

Pierre - Oui… Elle sera ici à dix heures précises.

Valérie - Et tu ne pouvais pas la recevoir à ton bureau, en ville ?

Pierre - Je te rappelle qu'il est en travaux.

Valérie - C'est vrai…

Pierre - Et elle tenait à me rencontrer chez moi.

Valérie - Dans ta maison de campagne… électorale.

Pierre - C'est pour mieux cerner l'individu, m'a-t-elle dit.

Valérie - Bon, j'espère en tout cas que tu t'en sortiras bien avec elle.

Pierre - Que nous nous en sortirons !

Valérie - Nous ?

Pierre *(un peu gêné)* - Oui… Elle souhaiterait aussi bavarder avec toi.

Valérie - Mais je n'ai rien à lui dire, moi !

Pierre - Ne t'inquiète pas : les journalistes parlent pour deux ! Ils font même dire aux gens des choses qu'ils n'ont jamais racontées !

Valérie - C'est rassurant !

Pierre - Tout se passera bien, tu verras.

Valérie - Franchement, je ne sais pas si c'est une bonne chose d'étaler notre vie privée comme ça…

Pierre - Mais nous n'avons rien à nous reprocher, nous !

Valérie - Non, bien sûr, mais tout de même…

Pierre - Pour moi, il s'agit simplement de donner l'image d'une famille unie et respectueuse des valeurs morales… Ça devrait aller, non ?

Valérie - Espérons-le.

Pierre - Alors, je compte sur toi ; déjà, pour l'accueillir comme il se doit.

Valérie - Tu peux me faire confiance.

Pierre - Je n'ai pas trop de soucis à ton sujet… Ni pour Stéphanie, d'ailleurs.

Valérie *(ferme)* - Ah non ! Moi passe encore, mais elle, laisse-la en dehors de ça !

Pierre - Et si la journaliste insiste pour la voir ?

Valérie - Je trouverai un prétexte pour que ce ne soit pas possible.

Pierre - Bon, comme tu voudras. Quant à ta sœur…

Valérie - Avec elle, pas de problème ! Dans le genre vieille France, on n'a pas trouvé mieux, non ? Ça devrait plaire à ta journaliste !

Pierre - Pour ça, d'accord ! Mais ce sont ses piques incessantes qui m'inquiètent.

Valérie - Ah ?

Pierre - Si seulement elle pouvait la fermer pendant deux heures…

Valérie - N'y compte pas trop !

Pierre - Je ne lui en demande pas tant, d'ailleurs : seulement de ne pas se montrer trop agressive envers moi… *(Cherchant de l'aide.)* Mais je n'ose pas trop lui en parler, tu comprends…

Valérie - C'est bon ! Je lui en toucherai un mot.

Pierre - Merci !

Valérie - C'est ça être l'épouse d'un politique !… Mais de ton côté, je veux que tu t'engages aussi à enterrer la hache de guerre.

Pierre - D'accord… Mais pas trop profond !

SCÈNE 5

Les mêmes, Anne

Retour d'Anne.

Pierre - Ah ! la revoilà !

Anne - Si je suis de trop, dites-le tout de suite !

Pierre - Tout de suite ou plus tard, c'est quand vous voulez ! *(Valérie lui donne un coup de coude.)* Figurez-vous que nous parlions de vous à l'instant.

ANNE - Tiens donc ! En mal, je suppose.

PIERRE - Votre lucidité m'impressionnera toujours !

VALÉRIE *(autoritaire)* - Pierre, ça suffit ! *(Bas.)* Tu as déjà oublié ta promesse ?

PIERRE - C'est bon ! Je me tais… et je m'en vais !

Pierre grimpe les escaliers.

SCÈNE 6

VALÉRIE, ANNE

VALÉRIE - Il faut lui pardonner : tu es tombée à la mauvaise période.

ANNE - Je me suis toujours demandé si pour moi il y avait une période favorable.

VALÉRIE - Les élections, tu comprends ! Ça le travaille et ça le rend très irritable.

ANNE - Je m'en étais rendu compte.

VALÉRIE - Tu sais, on ne dirait pas comme ça, mais au fond, il t'apprécie… à sa façon.

ANNE - Bien particulière, alors.

VALÉRIE - Et finalement, même si les apparences sont trompeuses, il est plutôt satisfait que tu sois parmi nous… Si, si !

ANNE *(méfiante)* - Ouh là ! Des gentillesses comme ça venant de lui, ça cache quelque chose.

VALÉRIE *(peu convaincante)* - Non, pas du tout.

ANNE - On voudrait me demander un service que ça ne m'étonnerait pas !

VALÉRIE - Que vas-tu chercher là ?

ANNE - Ce que tu n'oses pas vraiment me dire.

VALÉRIE *(toujours aussi peu convaincante)* - Je t'assure…

ANNE - Allons, mentir n'a jamais été ton truc.

VALÉRIE *(finissant par céder)* - Bon, tu as un peu raison.

ANNE - Un peu seulement ?

VALÉRIE - Voilà : une journaliste doit venir tout à l'heure.

ANNE - Ah ?

VALÉRIE - Oui… Elle veut rédiger un article sur Pierre.

ANNE - C'est sûr qu'il y aurait de quoi dire !

VALÉRIE - Et surtout écrire !

ANNE - Mais en quoi cette visite me concerne-t-elle ?

VALÉRIE - Pierre a peur que vous vous disputiez devant elle.

ANNE - C'est si rare !

VALÉRIE - Et que ça rejaillisse sur l'article, tu comprends…

ANNE - Et il t'a demandé d'intervenir en sa faveur, je suppose ?

VALÉRIE *(avec sincérité)* - Non, c'est moi qui me suis proposée…

ANNE - Tu es trop bonne !

VALÉRIE - Alors, tu feras un effort ?

ANNE - Moui… Vraiment pour te faire plaisir !

VALÉRIE - Merci !

ANNE - Je ne voudrais pas me mêler de ce qui ne me regarde pas…

Valérie *(amusée)* - Ce n'est pas ton genre.

Anne - Mais, à propos de cette journaliste, ça ne t'étonne pas qu'elle vienne à votre domicile, qui plus est le week-end ?

Valérie - Non, ça ne me surprend pas plus que ça.

Anne - Pourquoi Pierre ne lui a-t-il pas donné rendez-vous à son bureau plutôt que chez lui ? C'était quand même plus simple, non ?

Valérie - Figure-toi que j'ai eu la même réaction que toi.

Anne *(ravie)* - Ah !

Valérie - Mais j'avais oublié que son bureau était en travaux en ce moment.

Anne *(allusive)* - Tiens donc !

Valérie *(qu'on sent un peu agacée)* - Oui, un ravalement de façade… Ça te connaît, non ?

Anne *(haussant les épaules)* - Hum…

Valérie - Et aussi parce qu'elle veut mieux connaître Pierre en privé.

Anne *(mesquine)* - Si ça se trouve, c'est déjà fait…

Valérie - Qu'est-ce que tu insinues ?

Anne - Oh ! rien ! Cette journaliste est jolie, je suppose ?

Valérie - Anne, ne sois pas ridicule !

Anne *(grave)* - Moi, si j'étais toi, je m'inquiéterais.

Valérie *(agacée)* - Oui, mais tu n'es pas moi et je ne suis pas toi… Heureusement pour moi, d'ailleurs.

Anne - Enfin, ce que j'en dis, moi…

Valérie - Tu fais trop travailler ton imagination.

Anne - J'ai surtout lu l'horoscope, moi… Et notamment le tien !

Valérie - Ça m'étonne de ta part !

Anne - Et tu veux savoir ce qu'il prévoit pour aujourd'hui, ton horoscope ?

Valérie - Non.

Anne - Eh bien, je vais te le dire ! Comme ça, tu sauras à quoi t'en tenir ! *(Elle ouvre un magazine qu'elle tenait en main.)* Alors… Tu es Capricorne, c'est ça ?

Valérie - Si ça peut te faire plaisir.

Anne - Tu es Capricorne ! Alors… *(Elle lit.)* « Pour les couples, il y a de l'orage dans l'air ; méfiez-vous d'une femme qui risque de mettre en péril votre union… » Tu vois !

Valérie - C'est tout ?

Anne - C'est suffisamment clair, non ?

Valérie - Bon, je t'accorde volontiers que Pierre a toujours aimé les femmes. Il ne le nie pas, d'ailleurs.

Anne - Je dois être l'exception qui confirme la règle.

Valérie - Mais entre les regarder et les mettre dans son lit, il y a un pas qu'il n'a jamais franchi et qu'il ne franchira jamais.

Anne - Tu parais bien sûre de toi…

Valérie - La confiance, tu sais ce que c'est ?… Ben non, puisque tu es restée célibataire !

Anne - Merci de me le rappeler !

Valérie *(un peu confuse)* - Pardon, je ne voulais pas te blesser…

Anne - Oh ! il m'en faut plus !

Valérie - Après tout, tu n'as qu'à t'en prendre à toi-même si tu ne t'es pas mariée.

Anne *(fausse)* - Oh ! mais je tiens trop à ma liberté, moi !

VALÉRIE - Vraiment?… Enfin, il n'est peut-être pas trop tard.

ANNE - Tu crois? Je ne suis pas trop vieille?

VALÉRIE - Mais non!… Bon, c'est sûr que tu as pris pas mal de retard, mais rien n'est perdu!

ANNE - Merci.

VALÉRIE - Tiens, rappelle-toi Berthe Daumier : elle avait cinquante-deux ans quand elle s'est mariée! Ça te laisse une petite marge.

ANNE - Oui, et son mari avait quatorze ans de plus qu'elle!

VALÉRIE - C'est pas faux… Mais il faut être réaliste : les jeunes premiers, il ne faut plus tellement y compter!

ANNE - Oui, ben, les vieux derniers, très peu pour moi! On a son amour-propre, tout de même!

VALÉRIE - Ce qu'il te faudrait, c'est un homme d'âge mûr.

ANNE - Pas trop mûr, quand même!

VALÉRIE - Mais au fait, qu'est-ce qu'il prévoit pour toi, ton horoscope?

ANNE *(gênée)* - Ah… euh… rien…

VALÉRIE *(lui arrachant le magazine des mains)* - Fais voir… Comme tu es née le 10 août, tu es… Lion… Alors… *(Elle lit.)* « Pour les natifs du Lion, cette journée sera marquée par une rencontre avec une personne du même signe… Cette rencontre pourrait changer votre vie. » *(Elle referme le magazine.)* Quel programme, dis donc!

ANNE - J'aimerais tellement que ce soit vrai! Mais déjà que rencontrer quelqu'un dans cette maison, c'est rare, quelqu'un du même signe, ce serait un miracle!

VALÉRIE - Sait-on jamais? *(Ironique.)* Il faut croire à son horoscope, non?

Valérie va en cuisine.

SCÈNE 7

ANNE, DASCHA

Anne feuillette le magazine.

ANNE - Ouais, tout ça ne m'empêchera pas de penser que cette histoire de journaliste à la maison, c'est louche… Très louche… Faut pas me la faire !… Mais heureusement, je veille, moi, et je saurai y mettre bon ordre s'il le faut.

Une jeune fille descend les escaliers. Plutôt court vêtue, elle porte un tablier blanc. Elle parle avec un accent russe prononcé.

DASCHA - Bonjour madame !

ANNE *(rectifiant)* - Non, mademoiselle ! Mademoiselle !

DASCHA *(toujours enjouée)* - Bonjour mademoiselle !

ANNE - Je me demande combien de fois il faudra vous le répéter !

DASCHA - Oh ! pas bien grave !

ANNE - Pas bien grave, pas bien grave… C'est vous qui le dites !

DASCHA - Oui, c'est moi !

ANNE - Mais certaines pourraient mal le prendre !

DASCHA - Madame ou mademoiselle, être pareil, non ?

ANNE - Y'a quand même une petite nuance.

DASCHA - Oh ! pardon ! Mais moi pas parler très bien encore français.

ANNE - Ça viendra, ça viendra ! Il y a encore beaucoup de chemin à parcourir, c'est sûr !

DASCHA - Mais moi apprendre vite !

ANNE - De là à connaître toutes les finesses de notre langue, n'y comptez pas trop… *(Avec snobisme.)* Tenez, moi-même, cela m'a pris beaucoup de temps…

DASCHA - Moi fais gros efforts.

ANNE - Oui, oui, on en fait tous… notamment pour vous comprendre.

DASCHA *(radieuse)* - Moi très contente être dans ce maison.

ANNE *(rectifiant)* - Non, pas « ce maison » ! « Cette maison ».

DASCHA - Oh ! moi toujours confondre sexe des mots !

ANNE - Non, pas le sexe ! Le genre !

DASCHA *(spontanée)* - Ah !… Sexe pas bien ?

ANNE - C'est pas ça, mais pour les mots, on dit « le genre », voilà !

DASCHA - Donc sexe, c'est bien ?

ANNE *(gênée)* - Ben, euh…

DASCHA - Tant mieux ! *(Toujours nature.)* Moi aimer sexe. Pas vous ?

ANNE *(de plus en plus gênée)* - C'est-à-dire que bon… euh…

DASCHA - Pour moi, journée sans sexe, c'est journée perdue !

ANNE - Ouais, ben, si c'est ça, moi, ça fait des décennies que j'ai rien gagné !

DASCHA - Et tous les Russes penser comme moi !

ANNE *(songeuse)* - Il faudra vraiment que j'aille à Moscou, moi !

DASCHA - Comment ?

ANNE - Ah… euh… rien… Vous feriez mieux de retourner travailler au lieu de raconter des bêtises.

DASCHA - Oui, vous raison : moi travail à finir…

ANNE - Parfait.

DASCHA - Travail, c'est quel genre ?

ANNE - S'il faut encore que ce soit moi qui vous dise quel genre de travail vous avez à faire, on ne va pas s'en sortir !

DASCHA - Non, vous pas comprendre.

ANNE - Non mais dites donc !

DASCHA - Moi vouloir savoir : travail, c'est quel genre ? Masculin ou féminin ?

ANNE *(réalisant enfin)* - Ah ! c'est masculin ! On dit « un » travail.

DASCHA - Donc travail, c'est mâle.

ANNE - Ah non ! C'est au contraire très bien…

DASCHA - Décidément, vous pas saisir subtilités moi !

ANNE - De mieux en mieux !

DASCHA - Moi vouloir dire que travail : mâle ; et maison : female.

ANNE *(soupirant)* - Bon, je crois qu'on va en rester là, c'est préférable !

DASCHA - Oui, oui, vous rester là pour quelques jours, moi savoir !

ANNE *(se prenant la tête)* - Ouh là là !

SCÈNE 8

Les mêmes, Valérie

Retour de Valérie.

VALÉRIE - Ah ! Dascha !

ANNE - Madame…

VALÉRIE - Pourriez-vous essuyer la vaisselle, s'il vous plaît ?

DASCHA - Ah oui ! Il me plaît bien !

Dascha va en cuisine.

VALÉRIE *(à sa sœur)* - Elle est charmante, non ?

ANNE - Ça, je laisse les hommes en juger… Mais je me demande si elle a compris ce que tu lui voulais.

VALÉRIE - Naturellement ! C'est une fille très intelligente.

ANNE - Elle cache bien son jeu, alors !

VALÉRIE - En deux semaines, elle a déjà fait des progrès étonnants.

ANNE - Elle devait partir de très bas parce que, avec moi, ce n'était pas flagrant !

VALÉRIE - Peut-être parce que tu t'es mal exprimée ?

ANNE *(vexée)* - Si toi aussi tu t'y mets !

VALÉRIE - Bon, c'est vrai qu'il lui arrive de commettre des maladresses…

ANNE - Comme celle de repasser du linge non lavé !

VALÉRIE *(amusée)* - Entre autres…

ANNE - Et je la trouve aussi un tantinet impertinente.

VALÉRIE - Elle est nature, c'est tout !

ANNE - Décidément, tu es trop gentille avec elle ! Dans une semaine elle vous appellera par vos prénoms, et dans deux semaines elle vous tutoiera !

VALÉRIE - Pas de danger !

ANNE - Tu le crois vraiment ?

VALÉRIE - Oui, tout simplement parce qu'elle ne sait même pas nos prénoms, que Pierre et moi nous nous sommes bien gardés de lui donner !

ANNE - Vous avez bien fait ! Avec ces gens-là, il faut se méfier !

VALÉRIE - Tu sais, il ne faut pas trop lui en vouloir.

ANNE - J'ai l'impression qu'il ne faut pas trop lui en demander non plus.

VALÉRIE - Elle est là pour apprendre !

ANNE - Elle aurait pu apprendre ailleurs que chez vous !

VALÉRIE - Je te l'ai expliqué : son père est le maire de Syktyvkar.

ANNE - À tes souhaits !

VALÉRIE - C'est la ville russe avec laquelle nous allons nous jumeler… Et c'est lui qui nous a demandé si nous pouvions l'engager comme fille au pair pour trois mois. Voilà.

ANNE - Voilà… Sacré cadeau !

VALÉRIE - Évidemment, Pierre ne pouvait pas refuser…

ANNE - C'est sûr que non, jolie comme elle est ! *(Allusive.)* Et tu n'as pas peur qu'entre elle et lui…

VALÉRIE - Tu vois vraiment le mal partout !

ANNE - Pourtant, ce ne serait pas le premier homme à jouer à la poupée russe !

VALÉRIE - C'est décidément une obsession chez toi !

ANNE *(allusive)* - Il vaut mieux que ce soit une obsession chez moi que chez Pierre, non ?

SCÈNE 9

ANNE, VALÉRIE, STÉPHANIE

Stéphanie descend à son tour les escaliers. Elle est elle aussi plutôt court vêtue.

STÉPHANIE - Bonjour !

ANNE - Bonjour ma petite Stéphanie.

STÉPHANIE - J'aimerais mieux Stéphanie tout court.

ANNE *(la dévisageant de la tête aux pieds)* - Hum… C'est vrai qu'en te regardant, c'est court, et même très court…

VALÉRIE - Le court ne lui va pas si mal !

STÉPHANIE - Merci, maman.

VALÉRIE *(à Anne)* - Que veux-tu ? C'est la mode !

ANNE - Oui, drôle de mode où tout est réduit !… Les cheveux passe encore, mais la jupe ! Il n'y a qu'à regarder… Enfin, quand on en voit encore quelque chose ! *(Soupirant.)* Ah ! de mon temps…

VALÉRIE - Ce temps-là est révolu.

ANNE - Hélas !

VALÉRIE - Et il faut bien que jeunesse se passe !

ANNE - Oui, ben qu'elle se passe sans moi !

VALÉRIE - Ne t'inquiète pas : elle n'a pas besoin de toi !

ANNE *(sentencieuse)* - Oh ! mais on récolte ce qu'on a semé !

VALÉRIE *(amusée)* - On croirait entendre Pierre.

ANNE - Pour une fois, je suis d'accord avec lui.

VALÉRIE - C'est exceptionnel, en effet.

ANNE - Tout ça, c'est l'Amérique qui nous l'a amené… Tout a démarré avec leurs hamburgers ! *(Elle prononce « hamburgés ».)*

STÉPHANIE *(rectifiant)* - Hamburgers, tata !

ANNE - Si tu veux… De toute façon, l'un et l'autre sont immangeables !… Oh ! mais moi, ils ne m'auront pas ! Ça non !

STÉPHANIE - Tata, on ne va pas refaire le monde !

VALÉRIE - Oh non ! Moi, j'ai déjà le point à refaire avec Dascha, c'est bien suffisant !

Valérie gagne la cuisine.

ANNE *(à Stéphanie)* - Et toi, qu'as-tu prévu pour aujourd'hui ?

STÉPHANIE - Pas grand-chose, à vrai dire.

ANNE - En tout cas, pour demain, tu n'as pas oublié le concert ?

STÉPHANIE - Non, ça ne risque pas.

ANNE - Tant mieux !

STÉPHANIE - Mais je risque de vite l'oublier une fois que j'y aurai assisté.

ANNE *(lyrique)* - Le « Magnificat en ré majeur » de Bach, c'est inoubliable ! Quelle audace du langage harmonique ! Quelle spiritualité inimaginable !

VALÉRIE - Oui, difficilement !

ANNE *(sur sa lancée)* - Trois heures de ravissement garanti !

Anne se dirige vers le parc en chantant des airs classiques. Stéphanie, restée seule, feuillette distraitement les magazines. Son portable sonne. Elle décroche.

STÉPHANIE *(au téléphone)* - Oui, c'est moi… *(Ravie.)* Salut! Dis donc, ça faisait longtemps… Trop longtemps… (…) Oui, oui, très bien… (…) Demain soir? C'est que… (…) Je vais m'arranger! (…) Ah! ça non! Je ne voudrais pas manquer une telle occasion! (…) Chloé et Sidonie seront là? Super! (…) L'adresse? Attends, je note… *(Elle griffonne l'adresse sur un magazine.)* Voilà… (…) Si nous serons deux? Euh… oui, oui, naturellement, tu penses bien! (…) Oui, le contraire t'eut étonnée, bien sûr… (…) Oui, je t'embrasse! À demain! *(Elle raccroche.)* Ouais, deux, c'est pas dit! Va falloir que je trouve un mec et vite, moi!… Bon, réfléchissons… Qui est-ce que je peux contacter?… Ah oui! *(Elle téléphone.)* Allô! Lucas? (…) Ouais, c'est Stéph… (…) Comment ça, laquelle? Idiot! *(Elle raccroche brusquement et recompose un numéro.)* Allô! Sébastien? (…) Ouais, c'est Steph… Ça va? (…) Oui, moi aussi… Dis donc, tu n'es pas libre pour un dîner demain soir? (…) Si? Parfait! (…) Ah? (…) Avec Céline, ta copine?… Ben, non, seul… Allô! Allô! *(Elle raccroche.)* Imbécile!… Ouais, ça s'annonce effectivement difficile!

Retour de Valérie.

VALÉRIE *(découvrant Stéphanie assise sur le canapé, pensive)* - Eh bien, dis donc, tu n'as pas l'air en forme tout d'un coup!

STÉPHANIE *(peu convaincante)* - Si, si, ça va…

VALÉRIE - Toi, il y a quelque chose qui te tracasse.

STÉPHANIE - Non, non…

VALÉRIE - Vrai de vrai?

STÉPHANIE *(toujours peu convaincante)* - Je t'assure.

VALÉRIE - Bon, je n'insiste pas… Je vais à la roseraie. Si tu veux me rejoindre…

Valérie se dirige vers le parc.

SCÈNE 10

STÉPHANIE, PIERRE 2

On frappe.

STÉPHANIE - Minute ! J'arrive !

Stéphanie va ouvrir. Pierre apparaît. Il est en costume, la cravate dénouée. Il est chargé de bagages.

PIERRE 2 - Voilà le plus beau !

STÉPHANIE *(se jetant dans ses bras)* - Oh ! Pierre !

PIERRE 2 *(ravi lui aussi)* - Stéphanie !

STÉPHANIE - Comme je suis contente de te voir !

PIERRE 2 - Ma sœurette préférée !

STÉPHANIE - Évidemment ! Tu n'en as qu'une !

PIERRE 2 - Ma petite chérie, ça te convient mieux ?

STÉPHANIE - Ouais, même si j'aimerais que ce soit un autre garçon qui me le dise.

PIERRE 2 - Laisse-moi te regarder !

STÉPHANIE - Vas-y ! Fais comme chez toi !

PIERRE 2 - Je ne vais pas me gêner ! *(Après l'avoir bien observée.)* Tu n'as pas changé : toujours aussi ravissante.

STÉPHANIE - Merci, mais je te rappelle que tu n'as été absent que trois mois.

PIERRE 2 - Tu as quand même pris du poids, on dirait.

STÉPHANIE *(subitement inquiète)* - Ah bon ?

PIERRE 2 - Oui, au niveau des hanches… Et les fesses aussi, d'ailleurs ! Fais attention !

STÉPHANIE - Pourtant je…

PIERRE 2 *(amusé)* - Mais non, je plaisante !

STÉPHANIE - Je préfère ! On aurait cru entendre tante Anne et ses reproches.

PIERRE 2 *(théâtral)* - Ah ! tante Anne !

STÉPHANIE - Figure-toi qu'elle est en ce moment chez nous, pour une semaine.

PIERRE 2 - Non !

STÉPHANIE - Si ! Depuis hier !

PIERRE 2 - Papa doit être ravi.

STÉPHANIE *(complice)* - Comblé !

PIERRE 2 - Avec les deux ensemble, on ne va pas s'ennuyer !

STÉPHANIE - Peut-être, mais moi c'est avec la tante toute seule que je vais m'ennuyer ferme.

PIERRE 2 - Pourquoi ?

STÉPHANIE - Tu veux savoir le programme qu'elle m'a concocté ?

PIERRE 2 - Je m'en réjouis pour toi d'avance.

STÉPHANIE - Alors, accroche-toi : demain après-midi concert religieux, mardi visite d'une exposition de sculpture contemporaine et jeudi conférence sur l'élevage du ver à soie en Chine au onzième siècle.

PIERRE 2 - Vous faites dans le culturel, dis donc !

STÉPHANIE - Ce qui est gênant, avec elle, c'est que dans le culturel, elle ne connaît que le « turel »… Le cul, ça lui passe par-dessus la tête.

Pierre 2 *(amusé)* - Une sacrée acrobate !… Mais il faut toujours se méfier de l'eau qui dort.

Stéphanie - Si tu veux mon avis, elle n'est pas près de trouver un prince charmant qui vienne la réveiller !

Pierre 2 - Justement, à propos de ça, toi, tu es toujours amoureuse ?

Stéphanie - En ce moment, c'est plutôt calme… C'est même un peu la traversée du désert.

Pierre 2 - À ce point-là ?

Stéphanie *(soupirant)* - Le Sahara des sentiments !

Pierre 2 - Holà ! Tu m'inquiètes !

Stéphanie - Moi aussi je m'inquiète ! Figure-toi que j'ai rompu avec Hervé voilà huit jours…

Pierre 2 - Hervé ? Mais ce n'était pas Frédéric ?

Stéphanie *(rectifiant)* - Frédéric, c'était il y a deux semaines.

Pierre 2 *(réfléchissant)* - Oui, ça correspond à peu près au dernier mail que tu m'as envoyé

Stéphanie *(comptant lentement sur ses doigts)* - Après Frédéric il y a eu Damien, Didier, Hugo, et puis bien sûr Hervé.

Pierre 2 - Un vrai catalogue !

Stéphanie - Ah oui ! Et Léo… J'allais l'oublier, celui-là… D'ailleurs, il ne mérite que ça… Voilà, je crois que c'est tout.

Pierre 2 - Dis donc, c'est un peu le cours de la Bourse : ça évolue tous les jours !

Stéphanie - Ouais, presque… Ce qui m'ennuie, c'est que depuis Hervé, plus rien ! Je commence à m'interroger, moi !

Pierre 2 - C'est papa qui doit être content.

Stéphanie - Tu sais, je ne crois pas qu'il soit au courant de toutes mes aventures.

Pierre 2 - C'est vrai que pour suivre, bonjour !

Stéphanie - Je suis même persuadée qu'il continue à me prendre pour une petite étudiante bien sage.

Pierre 2 *(dubitatif)* - Sérieusement ?

Stéphanie - Oui. Il est plongé à fond dans sa politique… Surtout en ce moment !

Pierre 2 - Ça t'arrange un peu, non ?

Stéphanie - Un peu beaucoup, ouais ! S'il savait que je sors avec tous les étudiants de la fac, je ne pense pas qu'il serait aussi généreux avec mon argent de poche… Enfin, quand je dis tous les étudiants, c'est exagéré : seulement les plus beaux !

Pierre 2 - Évidemment !

Stéphanie - Je crois aussi que si je n'avais pas eu ma licence avec mention, papa aurait eu des doutes…

Pierre 2 - C'est fort possible.

Stéphanie - Heureusement que j'ai toujours eu des facilités.

Pierre 2 - Avec tes études comme avec les garçons !

Stéphanie - Quand on peut combiner les deux, faut pas se priver !

Pierre 2 - Et maman, elle sait pour tes… frasques ?

Stéphanie - Elle, elle doit s'en douter un peu mais tu la connais : elle ne dira rien à papa. Et puis, elle est toujours dans ses fleurs, alors… Mais et toi, au fait ? Tu ne devais revenir que la semaine prochaine, non ?

Pierre 2 - Exact, mais j'ai pu me libérer avant… Et je voulais vous faire la surprise !

STÉPHANIE - Pour moi, c'est réussi ! *(Taquine.)* Alors, les Allemandes ?

PIERRE 2 *(un peu dépité)* - Ben, je n'ai pas ton don de pouvoir concilier travail et plaisir…

STÉPHANIE *(soupirant)* - Ouais, ben, en ce moment, ce n'est ni l'un ni l'autre.

PIERRE 2 - Allons ! Je suis persuadé que les affaires vont repartir ! Je ne te donne pas une semaine avant que tu sois à nouveau accompagnée.

STÉPHANIE *(théâtrale)* - Une semaine ? Tu es fou ! C'est bien trop long !

PIERRE 2 - Ah ?

STÉPHANIE - Oh oui ! Il faut que j'aie trouvé quelqu'un d'ici demain soir au plus tard.

PIERRE 2 - Un week-end pour tomber amoureuse, un vrai challenge !

STÉPHANIE - Enfin, amoureuse, pas forcément.

PIERRE 2 - C'est-à-dire ?

STÉPHANIE - Ben, voilà… J'ai reçu un coup de fil à l'instant de Barbara… tu sais, ma copine de DEUG…

PIERRE 2 *(évasif)* - Euh… vaguement…

STÉPHANIE - Mais si, rappelle-toi : tu rêvais de sortir avec elle !

PIERRE 2 - Je…

STÉPHANIE - Même qu'elle t'a envoyé promener… Pourtant j'avais tout fait pour vous rapprocher… Eh bien, elle invite tout notre ancien groupe de copines à un repas de retrouvailles demain soir !

PIERRE 2 - Tant mieux pour toi !

Stéphanie *(avec évidence)* - Sauf que je ne peux pas décemment m'y rendre seule !

Pierre 2 *(naïf)* - Ce serait gênant ?

Stéphanie - Rends-toi compte du ridicule : toutes les filles accompagnées sauf moi !

Pierre 2 *(entrant dans son jeu)* - Oui, ce serait la catastrophe.

Stéphanie - La déchéance !

Pierre 2 - C'est sûr que ta réputation en prendrait un sacré coup !

Stéphanie - Ma réputation officieuse, celle que papa ne connaît pas !

Pierre 2 - Je pourrais peut-être t'accompagner ?

Stéphanie - C'est gentil, mais non, merci.

Pierre 2 *(déçu)* - Ah ?

Stéphanie *(allusive)* - Tu as pensé à Barbara ?

Pierre 2 *(nostalgique)* - Oh oui ! Pendant longtemps…

Stéphanie *(se reprenant avec vigueur)* - Non, tu as raison : il faut positiver !

Pierre 2 - Là, je te retrouve !

Stéphanie - Je vais me débrouiller… D'ici à demain, ce serait bien le diable si je n'arrivais pas à dégoter quelqu'un.

Pierre 2 - Si tu le crois !

Stéphanie - Mais oui ! Bon, quelqu'un de potable, bien sûr.

Pierre 2 - C'est évident.

Stéphanie - C'est pas que je sois trop exigeante, mais il y a un minimum en dessous duquel je ne peux pas descendre. Faut pas exagérer !… Bon, je te laisse t'installer.

PIERRE 2 - Ne dis encore à personne que je suis de retour, c'est pour la surprise !

STÉPHANIE - Promis !

Stéphanie se dirige vers le parc. Pierre s'apprête à grimper les escaliers.

PIERRE 2 *(à lui-même)* - J'aimerais bien trouver quelqu'un, moi aussi… Même dans deux mois, ça m'irait très bien !

SCÈNE 11

PIERRE 2, DASCHA

Retour de Dascha.

DASCHA *(découvrant Pierre)* - Bonjour monsieur.

PIERRE 2 *(la dévisageant, ravi)* - Oh ! bonjour !

DASCHA - Moi pas avoir fait erreur ? Vous monsieur ?

PIERRE 2 - Ben oui, à première vue…

DASCHA - Ah ! pratique pour hommes… Parce que pour femmes, madame ou mademoiselle…

PIERRE 2 - Alors vous, vous êtes étrangère !

DASCHA - Da… euh… oui… Vous aussi ?

PIERRE 2 - Oh non ! Moi pas être du tout étranger à cette maison… Vous ne seriez pas Macha, par hasard ?

DASCHA - Non, moi Dascha.

PIERRE 2 - Je ne suis pas tombé loin.

DASCHA *(inquiète)* - Vous tombé ? Vous pas blessé, au moins ?

PIERRE 2 - Si c'est vous qui me soignez, je veux bien être à l'agonie ! *(Sous le charme)* Ah ! Sacha !

DASCHA *(rectifiant à nouveau)* - Dascha.

PIERRE 2 - Oui, c'est encore plus joli… Et ça sonne si, si… suave…

DASCHA - Si, moi slave.

PIERRE 2 - Oui, oui, je sais.

DASCHA - Vous connaître moi ?

PIERRE 2 - Non, et je le regrette, d'ailleurs… Mais je ne demande qu'à rattraper le temps perdu et au plus vite !… En fait, si vous voulez toute la vérité, j'ai entendu parler de vous.

DASCHA - Et qu'en pensez-vous ?

PIERRE 2 - De quoi donc ?

DASCHA *(pas sur la même longueur d'ondes)* - Du parler de moi que vous avoir entendu ?… Moi pas trop accent ?

PIERRE 2 *(réalisant)* - Ah !… Eh bien, votre accent est charmant ! Tout simplement charmant…

DASCHA - Vous gentil…

PIERRE 2 - Toujours avec les jolies filles.

DASCHA - Vous flatteur.

PIERRE 2 - Moi impressionné.

DASCHA - Ah bon ?

PIERRE 2 - Vous impressionnante… Enfin, je me comprends…

DASCHA - Vous avoir de la chance de vous comprendre.

PIERRE 2 - Mais au fait, vous ne savez pas qui je suis ?

DASCHA - Non, mais moi veux bien savoir…

PIERRE 2 - Je suis Pierre… Le fils de la famille, si vous préférez.

DASCHA - Moi pas préférence… Mais vous pas à Berlin ?

PIERRE 2 - Si, enfin plus… Je suis rentré plus tôt que prévu… Mais je voulais faire la surprise, voilà…

DASCHA - Moi surprise.

PIERRE 2 - Agréablement, j'espère… Alors, vous êtes Russe, c'est bien ça ?

DASCHA - Oui… Vous connaître Russie ?

PIERRE 2 - Non, mais avec vous comme guide, je suis prêt à la découvrir de A à Z.

DASCHA - Russie très beau… Non, très belle.

PIERRE 2 *(la dévisageant à nouveau)* - Ah ! ça, pour être belle !… Magnifique !

DASCHA - Moi habiter ouest Oural…

PIERRE 2 *(enthousiaste)* - Hourrah l'Oural !

DASCHA - Pas trop loin montagnes.

PIERRE 2 *(reluquant la poitrine de Dascha)* - Les montagnes russes sont vraiment attirantes !

DASCHA - Oui, surtout en été, quand elles pas couvertes !

PIERRE 2 - Ah ! mais je n'ai qu'une hâte, moi : de les voir dégagées !

DASCHA - Vous impatient !

PIERRE 2 *(avec emphase)* - Et enthousiaste !… Ma chère Dascha, je crois qu'avec vous, j'irai au bout de l'Asie ! À nous la mer Baltique, à nous le fleuve Amour !… Vous connaissez l'Amour ?

DASCHA - Oh oui ! Moi adore faire l'amour… C'est correct ça ?

PIERRE 2 *(en sueurs)* - Oh là là ! Moi, ça me va !

DASCHA - Moi faire des progrès en langues !

PIERRE 2 - Je suis tout prêt à vous donner des cours intensifs ! *(À lui-même.)* Ah ! pourquoi ne suis-je pas revenu plus tôt, moi ? *(À Dascha.)* Dascha, laissez-moi le temps de ranger mes affaires et de prendre un bain et je reviens vers vous ! *(À lui-même.)* Pierre, faut que tu gardes la tête froide !

Pierre grimpe les escaliers sous le regard amusé de Dascha qui regagne la cuisine.

SCÈNE 12

Valérie, Valéry

Retour de Valérie. On frappe. Elle va ouvrir. Entre un jeune homme en costume-cravate pas du meilleur goût.

VALÉRY *(très distingué)* - Madame…

VALÉRIE *(un peu perdue)* - … Dupont-Verdier.

VALÉRY - Enchanté.

VALÉRIE - Mais moi aussi… Moi aussi…

VALÉRY *(qu'on sent timide à l'excès)* - Si j'osais…

VALÉRIE - Oui…

VALÉRY - Eh bien, je vous dirais que je suis ravi de faire enfin votre connaissance.

VALÉRIE - Oh ! mais il n'est jamais trop tard pour bien faire !

Valéry - Certes oui.

Valérie *(toujours un peu dans son monde)* - Tenez, moi, par exemple, le jardinage, je m'y suis mise sur le tard.

Valéry *(jouant les intéressés)* - Ah ?

Valérie - Oui, oui… On ne dirait pas comme ça, hein ?

Valéry - Je ne me prononcerai pas.

Valérie - Figurez-vous que j'ai commencé il y a à peine deux ans.

Valéry *(même jeu)* - Diantre ! C'est tout récent, effectivement.

Valérie - Oh ! au début, je me contentais de repiquer des salades… C'est un début, me direz-vous !

Valéry - Oh ! je ne me permettrais pas de dire grand-chose !

Valérie - Eh bien, maintenant, je suis capable de greffer un rosier… Ça vous en bouche un coin, non ?

Valéry - Ça, je dois dire.

Valérie *(embrayant)* - Oui ? Quoi donc ?

Valéry *(un peu désorienté par les réponses de Valérie)* - Ah… euh… rien…

Valérie - J'étais justement en train de montrer à ma sœur comment s'y prendre… Vous voulez venir voir vous aussi ?

Valéry - C'est-à-dire que… c'est votre mari que je voulais rencontrer.

Valérie - Ah bon ? Mais il fallait le dire, voyons !… Figurez-vous qu'au tout début, à votre arrivée, j'ai cru que vous étiez masseur.

Valéry *(encore en déphasage)* - Votre sœur ?

Valérie - Mais non ! Qui vous parle de ma sœur ?

Valéry - Ben, vous, à l'instant… Vous m'avez même dit qu'elle était en votre compagnie au jardin.

VALÉRIE - C'est pourtant vrai ! Bon, soyons clairs, voulez-vous : vous ne remplacez pas Jacques ?

VALÉRY - Jacques ?

VALÉRIE - Oui, mon masseur kinésithérapeute.

VALÉRY - Ah ! j'y suis !

VALÉRIE - Eh bien, tâchez d'y rester !

VALÉRY - Je... Je vais essayer.

VALÉRIE - Alors, résumons-nous : vous venez pour quoi, au juste ?

VALÉRY - Pour voir votre mari.

VALÉRIE - Ça, vous me l'avez déjà dit... Si vous commencez à radoter à votre âge, où va-t-on ?

VALÉRY - Ben, je ne sais pas, mais vous, si vous aviez la gentillesse d'aller le chercher...

VALÉRIE - Qui donc ?

VALÉRY - Votre mari, M. Dupont-Verdier.

VALÉRIE - C'est en effet comme cela qu'il s'appelle... Au fait, vous, vous êtes qui au juste ?

VALÉRY - Je suis Valéry. Valéry François.

VALÉRIE - Vous dites ?

VALÉRY - Votre mari ne vous a pas encore parlé de moi, je suppose.

VALÉRIE - Ma foi, non.

VALÉRY - Je suis son nouvel attaché parlementaire.

VALÉRIE - Eh bien, bonne chance !... Pour vous, naturellement.

VALÉRY - Je remplace Mme Boyer.

VALÉRIE *(assez fière d'elle-même)* - J'avais donc raison : vous ne remplacez pas Jacques, mon masseur.

Valéry - Non…

Valérie *(réfléchissant)* - Mme Boyer, vous dites ?

Valéry - Oui, l'ancienne collaboratrice de votre mari.

Valérie - Mais oui ! Maintenant, je la remets !… Elle est donc en congés ?

Valéry - En congés perpétuels, alors : elle a fait valoir ses droits à la retraite…

Valérie *(étonnée)* - Déjà ? Pourtant, la dernière fois que je l'ai vue, il y a bien longtemps c'est vrai, elle paraissait encore fraîche.

Valéry - Elle avait cinquante-huit ans.

Valérie - Tant que ça ? Et elle avait toutes ses cotisations ?

Valéry - Je pense que oui… Elle n'avait surtout plus toute sa tête et ça a beaucoup aidé à ce qu'on la pousse à se retirer.

Valérie - Et vous lui avez donc succédé ? Je n'étais pas au courant, veuillez me pardonner.

Valéry - Vous êtes tout excusée.

Valérie - Il faut dire que la politique et moi, on a toujours fait chambre à part ! *(Changeant brusquement de conversation.)* Dites, j'y songe d'un coup : nous avons le même prénom vous et moi !

Valéry - Ah ?

Valérie - Valéry, c'est plutôt rare comme prénom masculin…

Valéry - Mes parents me l'ont donné en hommage à Valéry Giscard d'Estaing… Vous vous rappelez ? L'ancien président de la République…

Valérie - Oh ! vaguement ! Je ne suis pas une spécialiste de la Préhistoire, moi… Bon, je vais aller le chercher… Mon mari, pas Giscard d'Estaing… De là à le trouver, c'est une autre paire de manches. Cette maison est si vaste !… Mais vous n'allez pas rester planté là…

Valéry - Pour une spécialiste du jardinage, ce serait dommage.

Valérie - Pardon ?

Valéry *(tentant d'expliquer son jeu de mots)* - Oui… Planter, jardinage…

Valérie *(qui semble n'avoir pas trop compris)* - C'est ça… Asseyez-vous donc… Et faites comme chez vous !

Valéry *(toujours obséquieux)* - Oh ! je n'oserai pas, madame Dupont-Verdier !

Valérie grimpe les escaliers et Valéry finit par s'asseoir sur le canapé.

SCÈNE 13

Valéry, Stéphanie

Retour de Stéphanie, chantonnant.

Stéphanie *(découvrant Valéry)* - Oh ! pardon ! Je ne vous avais pas vu.

Valéry *(rougissant)* - Oh ! il n'y a pas de mal !

Stéphanie - Vous semblez attendre quelqu'un. Je me trompe ?

Valéry - Alors vous, quelle sagacité !

Stéphanie - N'est-ce pas ?

Valéry - Oui, je dois rencontrer M. Pierre Dupont-Verdier.

Stéphanie - Lequel ?

Valéry - Ben, le maire.

STÉPHANIE - Ah ! mon père !

VALÉRY - Parce que vous êtes sa fille ?

STÉPHANIE *(haussant les épaules)* - S'il est mon père, je suis sa fille, forcément…

VALÉRY *(bêta)* - Forcément… En fait, c'est votre mère qui m'a demandé de l'attendre ici.

STÉPHANIE - Vous voulez dire maman ?

VALÉRY - Oui, oui, pas le maire, qui est aussi votre maire, d'ailleurs…

STÉPHANIE - Oh là là ! On s'y perd ! Donc, c'est après papa que vous en avez ?

VALÉRY - Voilà… En quelque sorte…

STÉPHANIE - Si c'est papa qui vous intéresse, moi, je ne vous intéresse pas ?

VALÉRY *(désarçonné)* - Ah… euh… si, mais…

STÉPHANIE *(un peu provocante)* - Ah bon ? Je vous intéresse ?

VALÉRY *(très gêné)* - C'est-à-dire que…

STÉPHANIE - Parce que vous, vous pourriez m'intéresser… Mais au juste, vous lui voulez quoi à papa ?

VALÉRY - Je suis son nouvel attaché parlementaire : Valéry François.

STÉPHANIE - Tiens donc…

VALÉRY - Oui, enfin depuis à peine deux semaines.

STÉPHANIE - Comme c'est intéressant !

VALÉRY - Ah oui ! Je dirais même que c'est passionnant… Enfin, je vais vous faire une confidence : je suis en période d'essai d'un mois renouvelable… Mais tout devrait bien se passer.

Stéphanie - Je vous le souhaite…

Valéry - Je pense que nous nous entendons plutôt bien, votre père et moi, et je vous avouerai que je le trouve sympathique…

Stéphanie - Et moi, vous m'avez trouvée comment ?

Valéry *(qui n'a pas compris)* - Ben, en entrant dans cette maison !

Stéphanie *(aguicheuse)* - Mais non ! Je veux dire : comment vous me trouvez ?

Valéry - Ah… euh… très sympathique aussi.

Stéphanie - D'accord, mais physiquement ?

Valéry *(de plus en plus gêné)* - C'est-à-dire que…

Stéphanie *(tournant sur elle-même)* - Je ne suis pas trop mal fichue, non ?

Valéry - Oh… euh… je dirais même le contraire !

Stéphanie - Donc je vous plais ?

Valéry - Ben…

Stéphanie *(directe)* - Bon, ça veut dire oui…

Valéry - Ah ! ben, vous alors !

Stéphanie - Vous non plus vous n'êtes pas trop mal…

Valéry - Je vous remercie.

Stéphanie *(l'observant)* - C'est sûr qu'il y aurait quelques corrections à apporter !

Valéry - Des corrections ?

Stéphanie - Oui !… Tenez, vos lunettes par exemple !

Valéry *(pas sur la même longueur d'ondes)* - Ah oui ! Mais la correction est minime : à peine une dioptrie à l'œil gauche !

Stéphanie - Je veux parler du look de vos lunettes !

Valéry - Ah?

Stéphanie - Oui, c'est votre grand-mère qui vous les a prêtées?… Et vos vêtements, parlons-en! Pour défiler dans une maison de retraite, je veux bien!

Valéry - Mais…

Stéphanie - Vous écoulez le stock des années soixante-dix, non? *(Réfléchissant.)* Bon, avec d'autres nippes, ça pourrait passer…

Valéry - Plaît-il?

Stéphanie *(sarcastique)* - Plaît-il!… Alors vous, vous êtes un rescapé des Jeux de vingt heures!

Valéry - J'avoue que c'est une émission que j'appréciais fort, enfant.

Stéphanie *(à elle-même)* - Oh là là! C'est pas gagné!… Enfin, il faut faire avec ce qu'on a sous la main… *(À Valéry.)* Au fait, vous êtes marié?

Valéry - Ça ne vous regarde pas!

Stéphanie - Disons que ça m'intéresse.

Valéry - Eh bien, non, je suis célibataire.

Stéphanie - J'en étais sûre. Vous n'avez pas une petite amie?

Valéry - Pas davantage, mais…

Stéphanie - Parfait. D'ailleurs, je n'aurais même pas dû vous poser la question.

Valéry *(un peu offusqué)* - Effectivement, c'est indiscret.

Stéphanie - Ouais, c'est surtout que j'avais la réponse… Donc vous êtes seul, c'est-à-dire libre.

Valéry - Mademoiselle, je ne sais pas où vous voulez en venir.

Stéphanie *(décidée)* - Oui, mais moi très bien… Ça vous plairait de sortir avec moi?

VALÉRY - Pardon ?

STÉPHANIE - Oui… Oh ! juste demain soir !

VALÉRY - Demain soir ?

STÉPHANIE - Oui, pas pour une semaine… Je raisonne à court terme, moi.

VALÉRY - C'est déjà mieux que rien… Eh bien, non, mademoiselle ! Figurez-vous que j'ai un dîner, demain soir.

STÉPHANIE - Tiens donc !

VALÉRY - Oui, je soupe chez ma maman.

STÉPHANIE *(railleuse)* **-** Comme c'est trognon… Et si moi je vous demandais de m'accompagner à une soirée chez une amie ?

VALÉRY - Je ne le pourrais pas puisque ma maman m'attend.

STÉPHANIE - Même si j'insistais, vous refuseriez ?

VALÉRY - Bien malgré moi !

STÉPHANIE - Vous savez, je n'aime pas qu'on me résiste et je suis capable du pire quand je veux quelque chose !

SCÈNE 14

LES MÊMES, PIERRE

Retour de Pierre.

PIERRE - Ah ! Valéry !

VALÉRY *(avec soulagement)* **-** Monsieur Dupont-Verdier !

PIERRE - Dites donc, ça c'est un cri du cœur !

Valéry - Un cri de délivrance, monsieur Dupont-Verdier !

Pierre - Qu'est-ce que vous voulez dire ?

Stéphanie *(coupant court)* - Qu'il t'attend depuis un bon moment, tout simplement ! *(À Valéry.)* C'est ça, hein ?

Valéry *(s'embrouillant)* - Oui. Enfin…

Pierre - Désolé, mais j'ai reçu un coup de téléphone juste après que mon épouse m'a annoncé votre arrivée.

Valéry - Ça n'a aucune importance, monsieur Dupont-Verdier.

Pierre - Remarquez, vous n'avez pas perdu au change puisque vous avez fait la connaissance de ma fille… *(Observant Stéphanie.)* Elle est ravissante, non ?

Valéry - Tout le portrait de son père, monsieur Dupont-Verdier.

Pierre *(à Valéry)* - Oui, ben, n'en faites pas trop quand même !… Mais c'est vrai qu'elle a pris tous mes côtés positifs.

Stéphanie - Papa, tu vas me faire rougir !

Pierre - Que voulez-vous ? Elle est un peu timide !

Valéry - Je n'ai pas trouvé… *(Avec grand sérieux.)* En revanche, j'ai retrouvé les éléments du dossier dont nous avions parlé au téléphone.

Pierre - Ah oui !… Alors, pas une minute à perdre : au travail ! Suivez-moi dans mon bureau !

Valéry - Avec joie !

Pierre - Je suis encore désolé de vous avoir interrompus dans votre conversation.

Valéry - Oh non ! Au contraire !

Pierre - Conversation qui était, je n'en doute pas, des plus intéressantes.

STÉPHANIE - Nous devisions sur l'élargissement de l'Union Européenne. *(À Valéry.)* C'est bien ça ?

VALÉRY *(qui n'ose pas révéler la vérité)* - Oui, oui, c'est cela…

PIERRE - Soyez sans crainte ! Nous ne devrions pas en avoir pour très longtemps…

STÉPHANIE - Oh ! mais je ne suis pas pressée !

PIERRE *(à Stéphanie)* - Dès que j'en aurai terminé avec Valéry, je te le restitue…

STÉPHANIE - Avec grand plaisir !

PIERRE - … pour que vous repreniez votre causette là où vous l'aviez laissée…

STÉPHANIE - Parfait ! *(À Valéry.)* Ça vous laisse le temps de réfléchir à ma proposition ! *(Pierre et Valéry entrent dans le bureau. Puis, au public.)* Et à vous, ça vous laisse le temps de vous rafraîchir !

ACTE 2

SCÈNE 1

Pierre sort de son bureau alors que Valérie descend les escaliers.

PIERRE *(consultant sa montre)* - Dix heures moins une ! *(À Valérie.)* Bravo, tu es au rendez-vous !

VALÉRIE - Tu en doutais ?

PIERRE - Pas une seconde !

VALÉRIE - Tu n'as pas pris avec toi ton attaché ?

PIERRE *(ne comprenant pas)* - Mon attaché ?

VALÉRIE - Oui, Valéry ! Pas ton attaché-case !

PIERRE *(réalisant)* - Ah… Non, il est encore dans le bureau. Nous avons un dossier très urgent à boucler… C'est pour ça que j'aimerais bien que tu t'occupes de la journaliste le temps que nous finissions, lui et moi.

VALÉRIE - Pas trop longtemps, alors.

PIERRE - Non, non !

VALÉRIE - Bon, c'est d'accord… Comme d'habitude…

PIERRE *(l'embrassant)* - Merci. *(On frappe.)* C'est sûrement elle !

SCÈNE 2

Les mêmes, Graziella

Une femme élégante fait son apparition.

GRAZIELLA *(maniérée)* - Graziella Duparc, de « Femmes de demain ».

PIERRE *(essayant d'adopter un ton similaire)* - Pierre Dupont-Verdier.

GRAZIELLA *(à Pierre)* - Oh! mais je vous reconnaîtrais entre mille! Il y a des affiches de vous un peu partout!

PIERRE *(lui présentant Valérie)* - Et voici mon épouse : Valérie.

GRAZIELLA *(toujours précieuse)* - Ravie. Positivement ravie.

VALÉRIE - De même.

GRAZIELLA - Merci à vous de m'accueillir.

VALÉRIE - C'est tout naturel.

GRAZIELLA - J'espère ne pas trop vous déranger…

PIERRE - Absolument pas.

GRAZIELLA *(à Pierre)* - Comme je vous l'ai dit au téléphone, je souhaite que vous ne modifiiez en rien votre journée!

PIERRE - En rien! Promis!

GRAZIELLA - Parfait! Vous comprenez, il s'agit de percevoir l'homme politique dans son environnement réel. « L'homo politicus in situ », si vous préférez.

PIERRE *(un peu déboussolé)* - Euh… oui…

GRAZIELLA *(sur sa lancée)* - L'ambiance familiale est primordiale, que dis-je, est sine qua non, pour mieux appréhender le personnage public.

52

Pierre - Oh ! sûrement !

Graziella *(à Valérie)* - C'est pourquoi je tenais à vous rencontrer, vous aussi.

Pierre - Nous n'avons aucun secret l'un pour l'autre.

Graziella - C'est admirable !

Valérie - Non, c'est normal.

Graziella - Et vos enfants, ils sont eux aussi à la maison ?

Valérie *(assez sèche)* - Notre fils ne sera de retour que la semaine prochaine.

Graziella - Comme c'est dommage ! J'aurais bien aimé engager un brin de conversation avec lui.

Pierre - Pierre est en stage à Berlin.

Graziella *(à Pierre)* - Pierre ? Vous lui avez donné votre prénom ?

Valérie *(fataliste)* - Tradition familiale oblige.

Graziella - C'est amusant ! Et cette unicité de prénoms ne vous a jamais joué des tours ?

Pierre - Jusqu'à présent, non.

Graziella *(curieuse)* - Et hormis Pierre, vous avez d'autres enfants ?

Pierre - Oui, une fille : Stéphanie…

Graziella *(intéressée)* - Ah ?

Valérie - Oh ! elle est encore petite et elle doit être en train de faire ses devoirs de vacances… *(Sèche.)* Je pense qu'il est inutile que vous discutiez avec elle.

Graziella - Vraiment ?

Valérie - Oui. Il faudra vous contenter de nous-mêmes.

GRAZIELLA - Bon… Alors, par quoi commençons-nous ?

PIERRE - J'avais pensé que ma femme pouvait vous faire visiter le parc.

VALÉRIE *(à Pierre)* - Faire visiter le parc à Mme Duparc ! Pierre, tu démarres fort !

PIERRE *(faisant les gros yeux à Valérie)* - Hum… Oui, figurez-vous que j'ai un travail urgent à finir avec mon attaché parlementaire… Oh ! c'est l'affaire de quelques minutes !

GRAZIELLA - Je vous le répète : ne changez en rien ce que vous aviez prévu.

VALÉRIE - Bien. *(À Graziella.)* Vous me suivez ?… J'espère que vous aimez les plantes ?

GRAZIELLA - Les belles !

PIERRE - Tout comme moi ! *(Se rendant compte de sa maladresse.)* Bon… Je vous laisse. Je vous rejoindrai dès que possible.

Valérie et Graziella se dirigent vers le parc. Pierre regagne son bureau.

SCÈNE 3

PIERRE 2, DASCHA

Pierre 2 descend les escaliers en caleçon et maillot de corps ; il a une serviette sous un bras, un pantalon et une chemise sous l'autre. Il s'apprête à gagner la salle de bains lorsqu'il croise Dascha sortant de la cuisine.

PIERRE 2 - Eh bien, dites donc, on est faits pour se rencontrer, vous et moi !

Dascha - Oui.

Pierre 2 *(réjoui, à lui-même)* - Et même plus si affinités !

Dascha *(s'écroulant sur le canapé)* - Moi fini travail cuisine.

Pierre 2 - Et moi, j'ai déballé toutes mes affaires ! *(Lui posant les mains sur les épaules.)* Ah ! Dascha ! Plus qu'un bon bain à prendre et je suis à vous !

Dascha *(ne comprenant pas)* - Vous être à moi ?

Pierre 2 *(gêné mais amusé)* - Oui, enfin, façon de parler.

Dascha - Façon drôle !

Pierre entre dans la salle de bains en fredonnant un air aux accents russes exagérés, sous le regard toujours amusé de Dascha.

SCÈNE 4

Dascha, Anne

Anne descend à son tour les escaliers.

Anne *(découvrant Dascha sur le canapé)* - Ah ! vous voilà !

Dascha *(se levant brusquement et saluant comme un militaire)* - Moi comme scout : toujours prête !

Anne - Prête à quoi, on se le demande !

Dascha *(ne comprenant pas)* - Pardon ?

Anne - Oh ! rien ! *(Après un temps.)* Finalement, plus j'y pense et plus je crois que vous et moi, on se ressemble !

Dascha - Oh non ! Moi pas trouver !

ANNE - Oui, on est un peu pareilles, vous et moi.

DASCHA - Ah non! Moi bien plus jeune et jolie!

ANNE *(haussant les épaules)* - Merci! C'est charmant!

DASCHA - Non, réaliste!

ANNE - Ce que je m'efforçais de vous dire, c'est que moi, je me sens souvent comme une étrangère dans cette maison, un peu comme vous, quoi…

DASCHA - Ah?… *(Hésitante.)* Dites, comme nous être un peu pareilles, moi pouvoir demander conseil vous?

ANNE - Vous pouvez toujours essayer.

DASCHA *(un peu embarrassée)* - Être un peu gênant…

ANNE - Ah bon?

DASCHA - Concerner Pierre.

ANNE - Eh bien?

DASCHA - Moi étais avec lui il y a quelques minutes.

ANNE *(une pointe d'ironie dans la voix)* - Tiens donc!

DASCHA - Lui revenu!

ANNE - Oh! il n'était pas au bout du monde!

DASCHA - Moi ai mieux fait connaissance avec lui.

ANNE - Vous m'en direz tant!

DASCHA - Lui très… entreprenant avec moi.

ANNE - Non?!

DASCHA - Si!

ANNE *(de plus en plus intriguée)* - C'est-à-dire?

DASCHA - Moi sûre que lui draguer moi…

ANNE - Draguer ?

DASCHA - Draguer, ça existe en français, vous connaissez ?

ANNE - Oui, enfin, je ne suis pas une spécialiste, moi… Alors, comme ça, Pierre s'intéresse à vous ?

DASCHA - Oui, très intéressé.

ANNE - Vous pourriez être plus précise ?

DASCHA - Lui m'a dit que j'étais charmante…

ANNE *(s'emportant quelque peu)* - Ah ! je le savais ! Je le savais !

DASCHA - Oui, moi aussi savais que moi charmante.

ANNE *(à elle-même mais fort)* - Ah ! décidément, elle ne comprend rien, cette pauvre petite !

DASCHA - Moi pas pauvre.

ANNE - C'est une expression !

DASCHA - Français avoir expressions drôles. Pierre a dit être entièrement à moi !

ANNE *(exagérément outrée)* - Oh ! j'espère qu'il s'en est tenu aux mots !

DASCHA - Ben non !

ANNE - Il a osé !

DASCHA - Oui, lui s'est tenu à moi ! *(La prenant par les épaules en exagérant le geste de Pierre.)* Comme ça !

ANNE *(se libérant difficilement de l'étreinte de Dascha)* - Merci, ça ira… Et après ?

DASCHA *(ne comprenant pas)* - Après ?

ANNE - Oui, après, qu'est-ce qu'il vous a fait ?

DASCHA - Ben…

ANNE - Allons, dites-le sans crainte !

DASCHA - Rien.

ANNE *(qui s'attendait visiblement à une autre réponse)* - Rien ?

DASCHA - Non, lui a rien fait moi.

ANNE *(un peu déçue)* - Ah ?… *(Sentencieuse.)* Enfin, quoi qu'il en soit, on n'agit pas ainsi avec une jeune fille ! J'espère que vous le lui avez fait comprendre !

DASCHA - Oh non ! Moi pas osé !

ANNE - Évidemment ! *(Philosophe.)* Que peut faire l'agneau face au loup ?

DASCHA - Moi pas farouche…

ANNE - C'est bien notre veine.

DASCHA - Et Pierre séduisant… Vous pas trouver ?

ANNE - Oui, bon, là n'est pas la question… Et où est-il en ce moment ?

DASCHA *(désignant la salle de bains)* - Lui prendre bain !

ANNE - Quelle drôle d'idée !

DASCHA - Mais lui promis moi revenir !

ANNE - Naturellement, il n'en a pas fini avec vous… Ah ! mais il ne perd rien pour attendre !

DASCHA *(ne comprenant pas)* - Moi l'attendre ?

ANNE - Malheureuse ! Surtout pas ! Retournez en cuisine, je m'occuperai de lui !

DASCHA - Mais moi aussi veux bien m'en occuper !

ANNE - Vous n'y pensez pas !

DASCHA - Si, souvent ! Pas vous ?

ANNE - Oh là là ! *(La poussant vers la cuisine.)* Allez, disparaissez ! *(Une fois seule.)* Ah ! il voulait que je la boucle devant la journaliste ! Eh bien, ils vont m'entendre !... Anne, du courage !

Elle va au bar, se sert un verre puis un deuxième.

SCÈNE 5

ANNE, MICHEL

On sonne. Anne finit par aller ouvrir. Entre un homme plutôt costaud mais aux manières assez efféminées. Il a un grand sac de sport à la main.

MICHEL - Madame...

ANNE *(rectifiant)* - Non, non ! Mademoiselle !

MICHEL - Si vous le dites... Remarquez, moi aussi je suis célibataire, alors...

ANNE - Tiens donc !

MICHEL - Oh ! mais ça ne me gène pas !... Dites, je suis bien chez les Dupont-Verdier ?

ANNE - Parfaitement. Mme Dupont-Verdier est ma sœur.

MICHEL *(ricanant)* - Moi aussi !

ANNE - Pardon ?

MICHEL - Oui, je suis kiné.

ANNE - Ah !

MICHEL - Donc, quand vous avez dit que c'était votre sœur, moi, je...

ANNE *(le coupant)* - Oui, oui, j'ai compris.

MICHEL - Oh ! ce n'est pas la première fois que je fais ce jeu de mots ! Ça fait toujours rire ! *(Lui tendant la main.)* Au fait, je me présente : Michel Perrichon… Mais vous pouvez m'appeler Michel.

ANNE - Non, je ne préfère pas… *(Allusive.)* Enfin, pas encore.

MICHEL - Je suis là pour… Attendez que je me rappelle du prénom… Ah oui ! Valérie.

ANNE - Sans doute pour ses problèmes de dos.

MICHEL - Sans doute… *(Découvrant l'affiche électorale.)* Dites, là, qui est-ce ?

ANNE *(un brin ironique)* - Voyons, vous ne reconnaissez pas votre dévoué député-maire, Pierre Dupont-Verdier ?

MICHEL - Vous savez… enfin, vous ne savez pas… mais je fais des remplacements sur la région pendant les vacances de mes confrères… Ce qui fait que je ne suis pas vraiment d'ici.

ANNE - Ça nous fait encore un point commun, dites donc ! *(Réfléchissant.)* J'y songe : vous ne seriez pas vous aussi du signe du Lion ?

MICHEL *(étonné)* - Si ! Deuxième décan !

ANNE - J'en étais sûre ! J'en étais sûre !

MICHEL - Comment avez-vous deviné ?

ANNE - L'intuition féminine !

MICHEL - Vous êtes douée, dites donc !

ANNE *(un peu aguicheuse)* - Pour ça et pour plein d'autres choses…

MICHEL - Ah ?

ANNE - On a des talents cachés, dans la famille.

MICHEL *(désignant l'affiche)* - Et ce monsieur, il fait partie de votre famille ?

ANNE - Hélas ! *(Soupirant.)* C'est mon beau-frère.

MICHEL *(admiratif)* - Quel bel homme !

ANNE *(sarcastique)* - Oui, l'agence de publicité a fait des miracles !

MICHEL - Et il n'a pas des problèmes de dos, lui ?

ANNE *(allusive)* - Non, mais il ne va pas tarder à avoir d'autres problèmes !

MICHEL - Ah ! ben, moi, je veux bien m'en charger !

ANNE *(se rapprochant de Michel)* - Et de moi, vous pourriez ?

MICHEL *(la coupant)* - Oh là là ! Pas tout le monde à la fois ! Je n'ai que deux bras, moi !

ANNE - Bien musclés, me semble-t-il.

MICHEL - On s'entretient.

ANNE - Figurez-vous que j'ai des problèmes de circulation…

MICHEL - Mais je ne suis pas agent de police, moi !

ANNE - Petit plaisantin !… En fait, c'est au niveau de ma jambe gauche.

MICHEL - Moi, je ne fais pas de politique.

ANNE - Vous voulez voir ?

MICHEL - Non, non, ça ira.

ANNE *(de plus en plus proche de Michel)* - Si, si, vous pourrez mieux constater… et même tâter !

MICHEL *(essayant de s'en défaire)* - Écoutez, je suis là d'abord pour Valérie.

ANNE - Bon, je n'insiste pas, alors, pour ma jambe ?

MICHEL *(bottant en touche)* - Écoutez, nous… nous verrons ça après.

ANNE *(qui semble ravie de la réponse)* - Ben voilà ! Moi, je sais être patiente !

MICHEL - En attendant, où puis-je installer mon matériel ?

ANNE - Votre matériel ?

MICHEL *(désignant son sac de sport)* - Oui ! Un tapis, un médecine-ball, deux altères de dix livres et quelques bricoles.

ANNE *(réfléchissant)* - Je ne vois que la bibliothèque… *(Le tapant du coude.)* Comme cela, vos livres s'y sentiront à l'aise !

MICHEL - On ne me l'avait jamais faite celle-là !

ANNE - Parce que vous ne m'aviez pas encore rencontrée !… Veinard !

MICHEL *(toujours distant)* - C'est cela, oui… Bon, je vais me préparer.

ANNE - Si vous voulez, je peux vous aider.

MICHEL - Non, je crois que je m'en sortirai mieux seul… Mais si vous pouviez prévenir Valérie de mon arrivée, ce serait gentil de votre part.

ANNE - On ne peut rien vous refuser… *(Mielleuse.)* À plus tard, Michel.

MICHEL - Oui, c'est cela… À plus…

Michel entre dans la bibliothèque.

ANNE - Décidément, l'horoscope avait raison. Anne, c'est aujourd'hui ou jamais ! À toi de jouer le grand jeu !

Elle se ressert un verre et grimpe les escaliers en fredonnant « Mon mec à moi » de Patricia Kaas.

SCÈNE 6

PIERRE, VALÉRY *puis* STÉPHANIE

Pierre et Valéry sortent du bureau.

PIERRE - Donc je compte sur vous ?

VALÉRY *(très zélé)* - Sans problème, monsieur Dupont-Verdier.

PIERRE *(paternaliste)* - Ah ! mon petit Valéry… Vous permettez que je vous appelle mon petit Valéry ?

VALÉRY - Si vous voulez, monsieur Dupont-Verdier ! On croirait entendre ma maman !

PIERRE - Eh bien, mon petit Valéry, vous feriez le gendre parfait !

VALÉRY - Hum…

PIERRE - Si, si ! Justement, j'allais oublier de prévenir ma fille que nous avions fini.

VALÉRY *(esquivant)* - Oh ! c'est inutile !

PIERRE - Comment ça, inutile ?… Ah oui ! Vous vouliez le faire vous-même, c'est ça ?

VALÉRY - Oh non !

PIERRE - Petit coquin, va !… Dites-moi : vous aviez l'air de bien vous entendre avec elle, non ?

VALÉRY - Votre fille est très… engageante, monsieur Dupont-Verdier.

PIERRE *(étonné)* - Ah ?… En tout cas, je suis heureux qu'elle discute avec des jeunes gens comme vous, sérieux et pleins d'avenir !

VALÉRY - Merci, monsieur Dupont-Verdier.

PIERRE - Et je vous invite à faire plus ample connaissance avec elle.

VALÉRY - Une autre fois, alors.

PIERRE - Ah non ! J'insiste : vous y êtes, vous y restez !

VALÉRY *(à lui-même)* - Oh là là !

STÉPHANIE *(appelant)* - Stéphanie ! Stéphanie !

VALÉRY *(apparaissant en haut des escaliers)* - Papa ?

PIERRE - J'en ai terminé avec Valéry… *(Stéphanie les a rejoints.)* Vous pouvez donc reprendre votre causette.

STÉPHANIE - Super !

PIERRE - Au fait, sais-tu que Valéry a un doctorat en droit ?

STÉPHANIE - Non, il ne me l'a pas dit.

PIERRE *(à Valéry)* - Vous êtes trop modeste ! *(À Stéphanie.)* Tu auras sans doute des tas de choses à lui demander pour tes études.

STÉPHANIE *(allusive)* - Et à lui montrer !

PIERRE - Bon, alors, je te laisse entre de bonnes mains… Ah ! j'oubliais : ne l'amuse quand même pas trop longtemps, il doit être à la sous-préfecture avant midi !

VALÉRY - J'y serai, monsieur Dupont-Verdier.

Pierre gagne le parc.

SCÈNE 7

VALÉRY, STÉPHANIE

STÉPHANIE - Alors, comme ça, vous avez un doctorat en droit… Ouais, pas mal pour épater les copines.

VALÉRY - En droit public !

Stéphanie *(allusive)* - Et en privé, vous assurez aussi bien ?

Valéry *(déphasé)* - Ce n'est pas ma spécialité !

Stéphanie - Ouais, j'en ai l'impression… Bien, où en étions-nous ?

Valéry - Pardon ?

Stéphanie - Oui, où nous étions-nous arrêtés avant que mon père n'arrive ?

Valéry *(évasif)* - Je… Je ne sais plus.

Stéphanie - Mais moi, je sais… Je vous avais demandé de m'accompagner à une soirée et vous ne sembliez pas très chaud… Je pense que depuis, vous avez réfléchi…

Valéry *(cherchant à s'en sortir)* - Mademoiselle Stéphanie…

Stéphanie - Stéphanie, voyons ! Steph pour les intimes !

Valéry - Écoutez, mademoiselle Steph, je vous répète que c'est impossible…

Stéphanie - Et moi je pense tout le contraire.

Valéry - Bon, je dois y aller…

Stéphanie *(qui a mal interprété)* - Ben, vous voyez !

Valéry - Vous vous méprenez ! Je voulais dire qu'il est tard et que je dois partir.

Stéphanie *(moqueuse)* - Votre maman va s'inquiéter ?

Valéry - C'est pas ça, mais j'ai du travail, moi… Du travail pour votre père, d'ailleurs…

Stéphanie - Oh ! le méchant !

Valéry *(lui désignant une chemise qu'il tient en main)* - Je dois encore plancher sur ce dossier.

Stéphanie - Ce dossier a vraiment de la chance !

Valéry - Et je ne tiens pas à y passer la nuit dessus.

Stéphanie - Je pourrais peut-être le remplacer ?

Valéry *(austère)* - Je préfère ne pas relever vos allusions plus que déplacées.

Stéphanie *(semblant céder)* - Bon, bon, j'arrête de vous taquiner…

Valéry - C'est préférable, en effet.

Stéphanie - Je pourrais jeter un œil à ce dossier ?

Valéry *(gêné)* - C'est que… Ce n'est pas que ce soit très confidentiel, mais…

Stéphanie - Ça restera en famille, non ? *(Doucereuse.)* Et ça me ferait tellement plaisir !

Valéry *(après un temps)* - Bon, c'est bien parce que c'est vous.

Stéphanie - Merci.

Valéry *(lui tendant la chemise)* - Mais franchement, je doute que cela vous passionne !

Stéphanie - Oh ! mais il y a des tas de choses qui me passionnent, moi !

Valéry - Je pense aussi que vous n'y comprendrez pas grand-chose !

Stéphanie - Je sais : je ne suis que licenciée en droit !

Valéry *(un peu confus)* - Ce n'est pas ce que je voulais dire.

Stéphanie *(parcourant les documents)* - Ce qu'il y a de sûr, c'est que c'est écrit petit, dites donc !

Valéry - J'en conviens.

Stéphanie *(directive)* - Passez-moi vos lunettes que j'y voie mieux.

VALÉRY *(étonné)* - Mes lunettes ?

STÉPHANIE - Oui, pas votre cravate ! *(Bas.)* Elle viendra après !

VALÉRY *(naïf)* - Et si je vous prête mes lunettes, vous me laisserez enfin tranquille ?

STÉPHANIE - Je promets d'essayer… *(Valéry lui prête ses lunettes.)* Oh ! mais vous êtes vraiment bien sans lunettes ! Ça vous change un homme ! *(Elle met les lunettes.)* Et moi, comment elles me vont ?

VALÉRY - Sans mes lunettes, j'ai du mal à juger ! Je suis terriblement myope !

STÉPHANIE - Regardez ! C'est dingue : elles sont coordonnées à mes chaussures !

VALÉRY - Je vous le répète : je ne vois rien de loin !

STÉPHANIE *(aguicheuse)* - Approchez-vous de moi !

VALÉRY *(essayant d'être ferme)* - Écoutez, maintenant, cessez votre petit jeu et rendez-moi mes lunettes et mon dossier ! J'en ai besoin !

STÉPHANIE - D'accord.

VALÉRY - Il était temps.

STÉPHANIE - Oui, d'accord… Mais à une condition : vous acceptez de m'accompagner demain soir.

VALÉRY *(choqué)* - C'est du chantage !

STÉPHANIE *(amusée)* - Oui, ça doit être ça.

VALÉRY - Vous devriez avoir honte !

STÉPHANIE - Même pas ! *(Tout en s'approchant du bureau.)* Bon, comme je suis bonne joueuse, je vous laisse… mettons… dix minutes de réflexion… Oui, c'est largement plus qu'il n'en faut !

Stéphanie se précipite dans le bureau qu'elle referme aussitôt à clé.

VALÉRY - Ne m'obligez pas à employer la force pour récupérer mes biens !

STÉPHANIE *(off)* - Et n'essayez pas d'entrer : j'ai fermé la porte à double tour !

VALÉRY *(essayant en vain d'ouvrir la porte)* - Méfiez-vous ! Je vais en parler à votre père !

STÉPHANIE *(off)* - Chiche !

VALÉRY *(sans grande fermeté)* - Vous me connaissez mal.

STÉPHANIE *(off)* - Suffisamment pour savoir que vous n'oserez jamais !… Alors, dix minutes, pas une de plus !

VALÉRY *(déboussolé, s'asseyant sur le canapé)* - Ah ! ben ça !

SCÈNE 8

VALÉRY, DASCHA

Retour de Dascha. Valéry ne l'a pas remarquée. Dascha l'observe longuement.

DASCHA - Bonjour monsieur.

VALÉRY *(surpris, se retournant)* - Ah… euh… bonjour…

DASCHA - Vous attendre quelqu'un ?

VALÉRY - Oui, on peut dire ça…

DASCHA - Moi Dascha. Dascha Petroskaïa.

VALÉRY - Et moi Valéry. Valéry François.

DASCHA - Enchanté, François…

Valéry - Non! François c'est mon nom de famille, et Valéry c'est mon prénom.

Dascha *(riant)* - Être amusant!

Valéry *(avec un brin de fierté)* - Malgré les événements, j'ai effectivement cette chance de toujours garder mon sens de l'humour.

Dascha *(rectifiant)* - Non, pas vous mais prénom vous être amusant!

Valéry *(déçu puis blasé)* - Ah?… Oh oui! Je sais : combien de fois on m'a répété que c'était un prénom de fille et que mis à l'envers, ça rappelait un chanteur.

Dascha - Vous chanter?

Valéry - Non, mais François Valéry, vous ne connaissez pas? Le chanteur… Non, bien sûr que non! Déjà qu'en France, c'est pas une célébrité… En fait, lui et moi on est homonymes, voilà

Dascha *(ne comprenant pas)* - Homonymes?

Valéry - Oui, homonymes, de « homos » et de « onoma ».

Dascha - Ah! vous et lui homos?

Valéry - Oui, en raccourci… En fait, ça vient du grec.

Dascha *(pas sur la même longueur d'ondes)* - Ah oui! Grecs très connus pour ça!… Mais vous attendre M. Dupont-Verdier père?

Valéry - Non, pas vraiment…

Dascha - Fils alors?

Valéry - Non, ni le Saint-Esprit… En fait, c'est sa sœur que j'attends… *(Maugréant.)* Enfin, attendre, façon de parler…

Dascha - Ah! vous attendre ta sœur!

Valéry - Non, je suis fils unique.

Dascha - Ah!… Ma sœur, alors?

Valéry - Pour vous faire plaisir et pour ne pas compliquer les choses, si vous voulez… *(Amusé.)* Alors vous, vous êtes brouillée avec les pronoms personnels !

Dascha - Non, moi m'entendre bien avec toutes les personnes.

Valéry - Oh ! mais moi aussi ! Sur Terre, il faut aimer tous les hommes.

Dascha - Vous gourmand !

Valéry - Oui, plutôt.

Dascha - Vous travailler dans mode ?

Valéry *(étonné)* - Non, pourquoi ?

Dascha - Moi pensais.

Valéry - C'est bien de penser !… Non, je suis attaché de M. Dupont-Verdier.

Dascha *(ne comprenant pas)* - Attaché ?

Valéry - Oui… Bon, c'est un peu compliqué à expliquer pour qui n'est pas de la partie !

Dascha *(bas)* - Et moi femme, donc moi pas être de la partie.

Valéry - En fait, c'est un métier passionnant ! On y fait des tas de rencontres !

Dascha - Et vous adorer rencontres ?

Dascha - Oh oui ! Avant ce poste, j'étais secrétaire général dans une communauté pas très gaie, je dois bien l'avouer.

Dascha - Pas très gay, donc vous pas heureux.

Valéry - Forcément. Non, franchement, plus j'y pense et plus j'aime être attaché !

Dascha - Vous pratiques bizarres !

Valéry - Ça me procure d'autres sensations.

Dascha - Chacun trouver bonheur où il peut.

Valéry - Vous avez raison. Mais pour revenir à mon emploi actuel, je ne voudrais pas que vous pensiez que je suis le seul à épauler M. Dupont-Verdier. Il y a toute une équipe. Vous savez, on n'est jamais trop aidé dans ce milieu ! *(Faire la liaison « trop-aidé ».)*

Dascha - Oh ! moi pas spécialiste !

Valéry - Mais je vous ennuie avec tout ça…

Dascha - Non, toujours intéressant connaître autres pratiques !… Vous vouloir café ?

Valéry - Volontiers ! Ça me fera le plus grand bien ! Mais je ne voudrais pas abuser de vous !

Dascha - Oh ! moi rien risquer vous, non ?

Dascha se dirige vers la cuisine.

Stéphanie *(off)* - Alors, c'est oui ?

Valéry *(fort)* - Non !

Stéphanie *(off)* - Plus que cinq minutes !

Retour de Dascha avec une tasse de café. Malencontreusement, elle la renverse sur le costume de Valéry.

Dascha *(très confuse)* - Oh ! pardon ! Moi très maladroite !

Valéry *(flegmatique)* - Ce n'est pas grave. Le café n'était pas trop chaud.

Dascha - Moi gauche !

Valéry - Oui, ben moi dans le droit, alors ça compense.

Dascha - Oh ! vêtements vous tous tachés !

Valéry *(constatant les dégâts)* - Effectivement ! Pour être tachés…

Dascha - Gênant ?

Valéry - Aujourd'hui, plutôt ! Je dois rencontrer le sous-préfet pour la première fois.

Dascha *(sincère)* - Moi très désolée !

Valéry *(réfléchissant)* - Et je n'aurai jamais le temps de retourner chez moi me changer…

Dascha - Moi réparer !

Valéry - Comment cela ?

Dascha *(avec évidence)* - Moi prêter vêtements vous !

Valéry - Vous voulez me prêter vos vêtements ?

Dascha - Non, pas vêtements moi ! Eux pas bonne taille !… Mais moi sais où trouver vêtements homme pour vous.

Valéry - Ah ?

Dascha - Peut-être vous préférer vêtements femme ?

Valéry *(ne comprenant pas l'allusion)* - Non, merci.

Dascha - Comme vous vouloir ! *(Prenant les choses en main.)* Bon, d'abord, vous, vous déshabiller !

Valéry *(interloqué)* - Me déshabiller ?

Dascha - Oui !

Valéry - Mais…

Dascha - Oh ! moi en ai vu d'autres !

Valéry - Je n'en doute pas une seconde, mais vous vous voulez que je me déshabille… ici ?

DASCHA - Oui, pas chez sous-préfet. Mais moi pas regarder… enfin, pas trop.

VALÉRY *(qu'on sent très gêné)* - Écoutez, je…

DASCHA - Vous peur parce que moi femme ?

VALÉRY - Ben…

DASCHA - Alors vous changer dans penderie.

VALÉRY - Ah oui ! Je préférerais ! *(Dascha le pousse dans la penderie. Off.)* Vous êtes sûre que…

DASCHA *(avec énergie)* - Vite !…

VALÉRY *(off)* - Voilà ! Mais je me demande encore si…

DASCHA - Vous pas vous demander mais vous vous déshabiller !

VALÉRY *(off)* - Voilà, voilà !

DASCHA - Vous pas tout enlever, hein !

VALÉRY *(off)* - Heureusement ! On tient à sa pudeur !

DASCHA - Vous garder minimum !

VALÉRY *(off)* - Pour être le minimum, ce sera le minimum, hélas ! *(Il entrouvre la porte de la penderie et tend ses affaires à Dascha.)* Et maintenant ?

DASCHA - Vous attendre moi…

VALÉRY *(off)* - Je ne vois pas ce que je pourrais faire d'autre.

DASCHA - Moi pas pour longtemps.

VALÉRY *(off)* - J'espère bien !

SCÈNE 9

DASCHA, ANNE

Dascha cache les vêtements de Valéry sous un coussin du canapé. Elle entrouvre sans bruit la porte de la salle de bains ; on entend alors la voix de Pierre 2 qui continue de chantonner des airs aux accents russes exagérés. Dascha ressort avec le pantalon et la chemise de Pierre 2. Elle s'apprête à rejoindre Valéry quand Anne réapparaît ; elle a revêtu une tenue moins stricte et a défait son chignon. En l'apercevant, Dascha tente de dissimuler les vêtements dans son dos.

ANNE - Ah ! Dascha !

DASCHA - Oui, c'est moi !

ANNE - Je le vois bien. Mais où courez-vous donc comme ça ?

DASCHA *(confuse)* - Ben…

ANNE - Alors vous, vous me cachez encore quelque chose !

DASCHA - Non, non.

ANNE - Qu'est-ce que vous avez dans les mains, là ?

DASCHA - Moi ai quelque chose dans mains ?

ANNE - Ce sont des vêtements d'homme !

DASCHA - Oui…

ANNE - Et à qui sont-ils, je vous le demande ?

DASCHA - Euh…

ANNE - Oh ! ne répondez pas ! Je connais d'avance la réponse : à Pierre, c'est bien ça ?

DASCHA - Oui, mais…

ANNE - Il vous a fait le coup du strip-tease, hein ?

DASCHA - Non, non.

ANNE *(sur sa lancée)* - Oh ! inutile de le couvrir ! Je comprends vite les choses, moi !… Allons, donnez-moi ça !

DASCHA - Mais…

ANNE *(arrachant les vêtements des mains de Dascha)* - Je les prends comme pièces à conviction !… Ah ! il pourra nier !… Quant à vous, ne craignez rien : vous êtes sous ma protection ! Attendez-moi bien sagement ici !

DASCHA - Où vous aller ?

ANNE - D'abord trouver Mme Dupont-Verdier.

Anne se sert un verre et grimpe les escaliers. Dascha reste seule.

DASCHA *(haussant les épaules)* - Maison de fous !

SCÈNE 10

DASCHA, MICHEL

Michel sort de la bibliothèque.

MICHEL *(appelant Dascha)* - Mademoiselle !

DASCHA *(se retournant)* - Oui ?

MICHEL - Je… Excusez-moi, mais ça fait un bon moment que j'attends.

DASCHA - Beaucoup gens attendre aujourd'hui !

MICHEL - Je suis le masseur…

DASCHA - Ah ! vous masseur !

MICHEL - Voilà… Et j'attends Valérie…

DASCHA - Valéry ?

MICHEL - Oui, c'est ça, Valérie.

DASCHA - Ah oui ! Lui me parler de vous !

MICHEL *(étonné)* - Lui ? Parce que c'est un homme ?

DASCHA - Oui. Valéry, homme…

MICHEL - Mais c'est intéressant, dites donc !

DASCHA - Et même bel homme !

MICHEL *(de plus en plus intéressé)* - De mieux en mieux !

DASCHA *(directe)* - Vous aussi homo, comme Valéry ?

MICHEL *(un peu surpris, mais sans plus)* - Ah… bah… oui !

DASCHA - Moi m'en doutais.

MICHEL - Ça se voit tant que ça ?

DASCHA - Ça être comme accent : ça s'entend.

MICHEL - Donc Valéry en est aussi ?

DASCHA - Oui, lui avoir avoué moi…

MICHEL *(réjoui)* - Oh ! mais j'ai hâte de le voir !… Et où est-il donc notre charmant ami ?

DASCHA *(désignant la penderie)* - Là, dans penderie !

MICHEL - Dans la penderie ! Quelle idée folle !

DASCHA - Moi expliquer vous.

MICHEL *(la coupant)* - Non, non ! Inutile !

DASCHA *(se dirigeant vers la penderie)* - Moi ouvrir penderie ?

MICHEL - Je m'en occupe !

DASCHA - Moi prévenir vous : lui être presque nu !

MICHEL *(de plus en plus excité)* - Mais c'est parfait ! Parfait, parfait !

DASCHA - Moi pouvoir confier aussi secret vous ?

MICHEL - Mais bien sûr !

DASCHA - Valéry adore être attaché.

MICHEL - Ouh là là ! Mais ça devient carrément dément !

DASCHA - Alors, moi vous laisser entre hommes ?

MICHEL *(amusé)* - Oui, oui ! Rassurez-vous : on ne va pas se crêper le chignon !

Dascha va dans la cuisine. Michel va ouvrir la penderie.

SCÈNE 11

MICHEL, VALÉRY

MICHEL - Bonjour, vous !

VALÉRY - Monsieur…

MICHEL - Michel… Mais pour vous ce sera Michou, voyons !

VALÉRY - Ah ?

MICHEL - Alors, comme ça, c'est Valéry, votre petit nom ?

VALÉRY - Oui.

MICHEL - Comme c'est chou ! C'est un pseudo, non ?

VALÉRY - Non, pas du tout…

MICHEL - Allons, allons, petit cachottier !… Et on aime jouer à cache-cache, à ce que je vois ?

VALÉRY - C'est-à-dire que…

MICHEL - Je sens qu'on va bien s'entendre, vous et moi !

VALÉRY *(toujours sur ses gardes)* - Je ne sais pas si ce sera utile… Vous êtes qui, au juste ?

MICHEL - Votre masseur, voyons !

VALÉRY - Mais je…

MICHEL *(se dirigeant vers la bibliothèque)* - Bon, vous me suivez ?… Mais n'en profitez pas, hein ?

VALÉRY *(à lui-même)* - Oh là là ! Mais qu'est-ce que c'est encore que ce machin ?

MICHEL *(se retournant)* - Alors, vous venez ?

VALÉRY *(esquivant)* - Deux minutes ! Accordez-moi deux minutes !

MICHEL - Bon, d'accord ! En attendant, j'en profite pour préparer une corde ! Ça tombe bien, j'en ai une au fond de mon sac !

VALÉRY - Une corde ?

MICHEL - Oui, on pourra faire des tas de choses avec !

Michel disparaît dans la bibliothèque.

VALÉRY - Mais c'est pas possible ! Qu'est-ce que c'est encore que ce cinglé ?… Bon, moi, je récupère toutes mes affaires et je disparais de cette baraque ! *(Appelant en vain.)* Dascha ! Dascha !… Mais où est-elle passée celle-là ?

SCÈNE 12

VALÉRY, STÉPHANIE

Stéphanie sort du bureau.

STÉPHANIE - Les dix minutes sont écoulées ! *(Découvrant Valéry dévêtu.)* Eh bien, dites donc !

VALÉRY *(confus)* - Je… Je vais vous expliquer…

STÉPHANIE - Inutile ! Ça me va très bien, moi !

VALÉRY - C'est un malentendu !

STÉPHANIE - Mais oui, mais oui…

VALÉRY - C'est horrible !

STÉPHANIE *(l'observant attentivement)* - Moi je ne trouve pas, au contraire !

VALÉRY - Ne croyez pas que…

STÉPHANIE - Moi, je crois ce que je vois… J'en conclus donc que pour demain soir, c'est OK !

VALÉRY - Oh là là ! *(Stéphanie commence à déboutonner son chemisier.)* Mais qu'est-ce que vous faites ?

STÉPHANIE - Je vous rattrape, voyons !

VALÉRY - Co… Comment ?

STÉPHANIE - Après tout, c'est vous qui avez voulu prendre de l'avance !… Alors, j'enlève… un peu… beaucoup… tout ! *(Elle pourra lui lancer son chemisier sur la tête.)*

VALÉRY *(complètement éberlué)* - Non, mais je rêve !

STÉPHANIE - Y'a qu'à rêver ensemble, alors ! *(Elle l'entraîne vivement par la main dans le bureau.)* Allez, viens, grand fou !

VALÉRY - Maman !

SCÈNE 13

Retour de Dascha. Elle va ouvrir la penderie, constate l'absence de Valéry et hausse les épaules. Pierre 2 sort alors de la salle des bains ; il a noué une serviette autour de sa taille. Il s'approche sans bruit dans le dos de Dascha et lui met les mains sur les yeux.

PIERRE 2 - Coucou ! Qui c'est ?

DASCHA *(se retournant)* - Pierre !

PIERRE 2 - Eh oui !… Excusez ma tenue, mais une petite maligne s'est amusée à me prendre mes vêtements quand j'étais dans mon bain.

DASCHA - Moi expliquer vous…

PIERRE 2 - Oh ! mais il n'y a rien à expliquer ! C'était une ruse, c'est ça ?

DASCHA - Non, pas ruse ! Moi Russe !

PIERRE 2 - Une ruse de Russe !… Alors, comme ça, on aime les jeux coquins ?

DASCHA *(ne comprenant pas)* - Coquins ?

PIERRE 2 - Oh ! mais moi, ça me plaît !

DASCHA - Moi avoir fait ça pour rendre service…

PIERRE 2 - Mais bien entendu !

DASCHA *(défendant fermement sa cause)* - Si !

PIERRE 2 - Mais oui !

DASCHA - Moi soutiens ce que j'avance !

PIERRE 2 *(le regard plongeant sur la poitrine de Dascha)* - Vous surtout avancez ce que vous soutenez !… Des arguments de poids !

DASCHA *(faussement pudique)* - Oh ! vous mesquin !

PIERRE 2 - Et si on jouait à un autre jeu ?

DASCHA - Autre jeu ?

PIERRE - Oui ! Au loup ! *(Prenant une voix de plus en plus grave.)* Je suis le loup, le grand méchant loup de Sibérie !… Et je vous laisse cinq secondes avant de vous croquer !

DASCHA - Mais…

PIERRE - Attention ! Je compte : un, deux, trois, quatre, cinq !

Dascha disparaît en criant en direction de la cuisine, poursuivie par Pierre.

SCÈNE 14

ANNE

Anne descend les escaliers. Elle se sert un verre au passage.

ANNE - Introuvable en haut !

MICHEL *(off)* - Hou ! hou ! Vous venez bientôt ? Je suis prêt, moi !

ANNE - Mais moi aussi je suis prête !… Après tout, je ne vois pas pourquoi un homme marié prendrait du bon temps, alors que moi, je devrais faire ceinture !… Ah ! ça non ! Fini le régime ! *(Elle se ressert un verre et prend la bouteille à la main.)* J'arrive, Michel ! J'arrive ! À moi de dompter le lion !

Elle se précipite dans la bibliothèque.

SCÈNE 15

Pierre, Valérie, Graziella

Retour du parc de Pierre, Valérie et Graziella.

Pierre *(à Graziella)* - J'espère que vous avez apprécié la petite visite de notre parc.

Graziella - Il est magnifique !

Valérie - C'est surtout moi qui m'en occupe.

Pierre - C'est vrai.

Graziella - Et votre couple semble respirer le bonheur.

Pierre *(ajoutant le geste à la parole)* - À pleins poumons !

Valérie - Je reconnais que nous nous entendons à merveille, Pierre et moi.

Graziella - C'est si rare dans le monde d'aujourd'hui !

Pierre *(s'emportant)* - Un monde où toutes les valeurs morales se perdent ! Où il n'y a plus de place que pour la violence et le sexe !

Valérie *(cherchant la modération)* - Notre couple est solide parce qu'il est basé sur la confiance.

Pierre - Contrairement à certains concurrents que je ne nommerai pas, nous n'avons rien à dissimuler, nous !

Graziella - Ah si ! Vous m'avez quand même caché vos enfants !

Valérie - Nous vous avons expliqué pourquoi vous ne pouviez pas les rencontrer.

Pierre - Et puis, il y aurait si peu à dire sur eux !

82

SCÈNE 16

LES MÊMES, *puis* DASCHA *et* PIERRE 2,
VALÉRY *et* STÉPHANIE, MICHEL *et* ANNE

Dascha sort en courant de la cuisine ; elle est poursuivie par Pierre, un bandeau sur les yeux. Il tourne autour de Graziella et finit par poser les mains sur elle.

PIERRE 2 - Ah ! là, j'te tiens !

GRAZIELLA - Perdu !

PIERRE *(ôtant son bandeau)* - Oh ! pardon madame !… Je croyais que c'était Dascha… *(Il découvre alors ses parents mais n'en paraît pas du tout perturbé.)* Tiens ! Bonjour papa, bonjour maman… *(Dascha a disparu en direction du parc ; il continue alors sa poursuite.)* À plus tard !

GRAZIELLA - C'est votre… fils ?

VALÉRIE *(gênée)* - Euh… oui…

GRAZIELLA - C'est vrai qu'il y a un air de famille. Et cette… Dascha, qui est-ce ?

VALÉRIE - C'est une jeune fille au pair russe… Elle est chez nous depuis deux semaines.

GRAZIELLA - Elle s'est rapidement intégrée, dites donc !

Valéry sort en courant du bureau. Toujours en sous-vêtements, il a récupéré son dossier qu'il tient à bout de bras. Il est poursuivi par Stéphanie, elle aussi plutôt dévêtue. Tous deux disparaissent dans le parc sans avoir remarqué la présence de Pierre et des autres.

GRAZIELLA *(regardant en direction du parc)* - Et là, c'était votre…

VALÉRIE - Notre fille.

GRAZIELLA - Elle a bien grandi!... Et sans vouloir être trop indiscrète, celui qu'elle poursuivait?

VALÉRIE - L'attaché parlementaire de mon mari.

GRAZIELLA - Ah?... Eh bien, finalement, nous l'avons fait, ce tour de la famille!

VALÉRIE - Il me semble, il me semble…

Michel sort de la bibliothèque. Il est poursuivi par Anne, qui a revêtu sa blouse blanche.

MICHEL - Au secours! Au secours!

ANNE *(tout en continuant à courir après Michel, s'adressant au passage sèchement à Pierre)* - Pierre, il faudra que nous ayons une conversation!… Satyre!

Michel et Anne disparaissent dans le parc.

GRAZIELLA - Et là, je ne pense pas que ce soit un de vos enfants cachés?

VALÉRIE - Non, ni l'un ni l'autre.

GRAZIELLA - Sinon, vous les auriez eus vraiment jeunes!

VALÉRIE - Derrière, il m'a semblé que c'était ma sœur.

GRAZIELLA - Et devant?

VALÉRIE - Je ne sais pas… Mais je me demande si ce n'était pas le masseur!

PIERRE *(qui a regardé toutes ces allées et venues avec effarement)* - Écoutez, je… Je ne comprends pas… Je ne comprends plus… Je ne comprends rien!

GRAZIELLA - Allons, allons… Moi, je comprends que vous avez essayé de me cacher la vérité

PIERRE - Non, je vous assure!

GRAZIELLA - Mais elle finit toujours pas resurgir! La preuve!

PIERRE *(s'effondrant sur le canapé)* - Quel spectacle affligeant ! *(À Graziella.)* Qu'est-ce que vous devez penser ? Je n'ose même pas l'imaginer !

GRAZIELLA - Vous voulez que je vous le dise ?

PIERRE - Au point où nous en sommes !

GRAZIELLA - Eh bien, figurez-vous que tout ça m'a amusée et agréablement surprise.

VALÉRIE et PIERRE *(très étonnés)* - Ah bon ?

GRAZIELLA - Oui !… Après tout, vos enfants aiment prendre leur pied ! Il n'y a rien de mal à ça ! Ils sont dans l'air du temps, voilà tout !… Voyez-vous, il y a quelques minutes, je me demandais si finalement j'allais rédiger un article sur vous… Oui, tout me paraissait trop lisse, sans relief, sans intérêt, quoi !… Eh bien, en voyant vos enfants, j'ai changé d'avis : je vais même vous proposer pour la une ! Le portrait de l'homme politique idéal ! Plein de valeurs mais moderne ! Autoritaire en public mais tolérant en famille !

PIERRE - C'est moi, ça ?

GRAZIELLA - Mais oui ! Et nos lectrices vont adorer !

PIERRE - Ah ! ben ça !

GRAZIELLA - Dites, je pourrais vous demander une faveur ?

PIERRE - Allez-y.

GRAZIELLA - Je pourrais prendre une photo de votre famille au grand complet dans le parc ?

PIERRE - Tant qu'à faire…

GRAZIELLA *(à Pierre)* - Merci ! J'ai toujours rêvé de faire des photos de nu, pas vous ?

RIDEAU

Imprimé à la demande par Libri Plureos GmbH, Bad Hersfeld, Allemagne

Première édition, dépôt légal : janvier 2007
N° d'édition : 200702
ISBN : 2-84422-555-1